6 단계

★★★
2차 개정판

나의 생각
글쓰기

기초 문장력 향상의 길잡이

나의 생각 글쓰기의 구성

나의 생각 글쓰기에는 문장부터 시작하여 문단, 원고지 사용법, 일기, 생활문, 기사문, 설명문, 논설문, 독후감 등 다양한 내용을 실었습니다.

1 생활문

글감	영훈이에게 생일 선물을 주었다.
처음	① 친구들과 영훈이네 집에서 모였다.
가운데	② 친구들이 준비한 선물 가운데 내 것이 가장 형편없어 보였다.
	③ 영훈이에게 선물을 줄까 말까 망설였다.
끝	④ 내가 선물을 건네자, 영훈이는 맘에 든다며 좋아했다.
중심 생각	내 선물이 영훈이 마음에 들어서 다행이다.

2 기사문

(2) 다음 표의 내용으로 기사문을 쓰세요.

누가	사랑 초등학교 6학년 3반 학생들
언제	4월 17일
어디에서	교실에서
무엇을	'친구야, 우리 함께 밥 먹자'라는 프로그램
어떻게	학생들이 각자 집에서 밥과 반찬을 싸 와, 큰 그릇에 모두 넣고 비빔밥을 만들어 먹었다.
왜	학교 폭력을 예방하고, 친구들과의 우정을 쌓을 기회를 만들기 위해서.

3. 설명문

(7) 다음 자료를 바탕으로 '혈구의 종류와 역할'이라는 제목의 설명문을 쓰세요.

혈장	혈액에서 혈구를 제외한 액체 성분. 영양소와 노폐물 등 운반.
혈구	혈액의 고체 성분으로, 혈장 속에 떠다니는 세포. 적혈구, 백혈구, 혈소판이 있음.

	적혈구	백혈구	혈소판
모양	붉은색이며, 납작하고 가운데가 오목한 원반 모양.	적혈구보다 크며, 적혈구와는 다르게 모양이 다양함.	크기가 작으며 백혈구처럼 모양이 다양함.
역할	헤모글로빈이 몸의 각 부분에 산소를 나름.	몸에 침입한 세균이나 이물질을 없앰.	상처가 났을 때 피를 응고시켜 멎게 함.

4. 논설문

(4) (1) ~ (3)의 내용을 정리하여 '비만을 예방하자'라는 주제의 논설문을 쓰려고 합니다. 다음 표의 빈칸을 채우세요.

처음	① 비만과 어린이 비만의 뜻
가운데	② 패스트푸드 섭취를 줄이자
	③ 텔레비전을 보거나 컴퓨터를 사용하는 시간을 줄이자.
	④ 외식을 줄이고 아침밥을 꼭 챙겨 먹자.
끝	⑤ 어린이 비만의 위험을 알고 비만을 예방하자

5. 독후감

처음	책에 대한 소개
가운데	기억에 남은 부분 1 + 느낌이나 생각
	기억에 남은 부분 2 + 느낌이나 생각
	기억에 남은 부분 3 + 느낌이나 생각
끝	전체적인 느낌

여기서는 기억에 남은 부분을 세 개 쓰고 있습니다. 하지만 기억에 남은 부분을 두 개, 네 개 등 자유롭게 쓸 수 있습니다.

★★★
2차 개정판

나의 생각 글쓰기 목차

내 생각을 깊게 살피는 것이

내 표현을 확실히 하는 것이다.

- 폴 뉴먼(작가)

1과 문장 쓰기

1 문장을 바르게 써요

 문장은 앞부분부터 끝부분까지 자연스럽게 연결되어야 합니다. 밑줄 친 부분을 고쳐 문장을 자연스럽게 쓰세요.

이 그림은 사자가 사슴을 잡아먹는 <u>장면이다.</u>

이 그림은 사자가 사슴을 잡아먹는 장면을 그린 것이다.
_____

---

(1) 내가 틀린 까닭은 문제를 <u>얕보았다.</u>

_____

(2) 내가 진짜 되고 싶은 것은 <u>가수가 되는 것이 꿈이다.</u>

_____

(3) 초식 동물은 풀을 뜯어 먹지만, <u>육식 동물이 잡아먹는다.</u>

_____

밑줄 친 낱말과 어울리도록 문장을 고쳐 쓰세요.

장훈이는 키가 <u>여간</u> 크다.

장훈이는 키가 여간 큰 게 아니다.

⑷ 비록 작은 것도 절약해야 한다.

_____

⑸ 현준이가 오죽 답답해서 창문을 활짝 열었다.

_____

⑹ 승연이와는 도무지 말이 잘 통한다.

_____

⑺ 우리가 처음 만난 건 아마 가을이었다.

_____

같은 말을 반복 사용하면 문장이 어색해질 수 있습니다. 불필요한 부분을 빼 다음 문장을 자연스럽게 고쳐 쓰세요.

희진이의 장점은 노래를 잘하는 것이 장점이다.

희진이의 장점은 노래를 잘하는 것이다.

(8)
요즘 지구의 가장 큰 문제는 환경 오염 문제다.

(9)
이 작은 공간이 나에게는 가장 소중한 공간이다.

(10)
아침에는 빵을 먹었고, 점심에는 밥을 먹었고, 저녁에는 냉면을 먹었다.

(11)
인간은 자연을 지배하고, 자연을 이용하며, 자연을 파괴한다.

밑줄 친 부분의 뜻을 주었습니다. 그 뜻에 맞추어 문장을 고쳐 쓰세요.

<u>다리를 다친 진성이의 동생</u>이 병원에 갔다.

① 진성이가 다리를 다쳤다.

다리를 다친 진성이를 보러 그 동생이 병원에 갔다.

② 진성이의 동생이 다리를 다쳤다.

진성이의 동생이 다리를 다쳐서 병원에 갔다.

---

(12)

준영이는 나에게 <u>연필과 지우개 두 개</u>를 주었다.

① 연필 하나, 지우개 둘

준영이는 나에게 연필 한 자루와 지우개 두 개를 주었다.

② 연필 둘, 지우개 둘

---

(13)

아버지는 <u>할아버지 그림</u>을 창고에서 꺼내셨다.

① 할아버지를 그린 그림.

아버지는 할아버지 모습이 담긴 그림을 창고에서 꺼내셨다.

② 할아버지께서 그리신 그림.

2 속담을 넣어 글을 써요

'속담'은 옛날부터 전해져 내려오는 말입니다. 그 말 안에는 조상의 지혜와 교훈이 간접적, 비유적으로 담겨 있습니다.

글에 속담을 넣으면 다음과 같은 점이 좋습니다.
1. 주제를 더욱 효과적으로 드러낼 수 있습니다.
2. 글을 읽는 사람이 흥미를 느낄 수 있습니다.

속담은 종류가 다양하므로, 평소에 속담을 공부하여 두었다가 글을 쓸 때 활용하는 것이 좋습니다.

 다음 글을 보고 속담의 뜻을 쓰세요.

(1)

"티끌 모아 태산." 오늘 오빠의 모습을 보니 이 말이 딱 떠올랐다.

오빠는 작년 생일에 돼지 저금통을 산 뒤로, 동전이 생기면 그 저금통에 넣었다. 오늘 저금통을 열어 보니 그 안에는 동전이 정말 많이 있었다. 전부 동전이라 금액이 적을 줄 알았는데, 예상보다 훨씬 많았다. 오빠는 그 돈으로 책과 장난감을 산다고 했다. 오빠가 엄청 부러웠다.

속 담	뜻
티끌 모아 태산	

다음 속담과 뜻을 읽고, 그 속담을 넣어 세 문장 정도의 짧은 글을 지으세요.

	가는 날이 장날
뜻	어떤 일을 하려고 하는데 우연히 뜻하지 않은 일을 겪게 되는 상황.
문 하	용돈을 모으고 모아 보드게임을 사러 문구점에 갔다. 그런데 하필 오늘 문구점은 굳게 잠겨 있고, 문에는 이렇게 쓰인 종이가 붙어 있었다. "개인 사정으로 오늘 하루 쉽니다." 가는 날이 장날이라더니.

	(2) 우물을 파도 한 우물을 파라
뜻	여러 일을 벌여 놓으면 성과를 내기 어려우므로 한 가지 일에 최선을 다하라.

	(3) 벼는 익을수록 고개를 숙인다
뜻	지식이 많고 인격이 높은 사람일수록 더욱 겸손하다.

(4) 낮말은 새가 듣고 밤말은 쥐가 듣는다	
뜻	아무도 듣지 않는 곳에서라도 말조심해야 한다.

(5) 부뚜막의 소금도 집어넣어야 짜다	
뜻	좋은 조건이 마련되어 있더라도 노력하여 이용하지 않으면 소용이 없다.

2과 문단 쓰기

1 문단의 형식

문단은 다음과 같은 형식으로 씁니다.

① 문단 첫 글자는 한 칸을 들여 씁니다.

② 한 문단 안에서는 줄을 바꾸지 않고 이어 씁니다.

　지형에 따라 고장의 생활 모습이 다르다. 산간 지역에서는 고랭지 농사를 짓거나 목장을 지어 가축을 기른다. 평야 지역에서는 농사를 짓거나 땅을 일구어 도시를 만든다. 그리고 해안 지역에서는 고기잡이나 양식업을 한다.

　한옥은 지방에 따라서 모양이 조금씩 다르다. 남부 지방에서는 방과 방 사이에 넓은 마루를 만든다. 중부 지방에서는 마루를 좁게 하고 창문 수를 줄인다.

③ 문단을 새로 시작할 때에는 줄을 바꾸고 첫 칸을 비웁니다.

④ 한 문단에는 반드시 중심 내용이 하나만 들어 있어야 합니다.

 다음 글을 읽고 물음에 답하세요.

　중국 북부와 몽골은 건조하여 사막과 황토 지대가 발달했다. 이곳의 작은 모래나 흙먼지가 하늘까지 날아갔다가 내려오는 현상을 '황사'라고 한다. 황사가 발생하는 것은 중국과 몽골의 건조한 흙과 편서풍 때문이다. 봄이 되면 겨울 동안 얼어 있던 흙이 녹으면서 잘게 부서져 작은 모래가 된다. 이것이 편서풍을 타고 한반도와 일본뿐 아니라, 멀게는 미국까지도 날아간다. 황사 현상이 일어나면 안개가 낀 것처럼 대기가 뿌옇게 되어 먼 곳을 볼 수가 없게 된다. 또 자동차, 건물, 길 등에 흙먼지가 쌓인다. 황사가 코와 입을 통해 우리 몸으로 들어오면 감기, 기관지염 같은 호흡기 질환이나 눈병 등을 일으킨다. 또 항공기나 자동차, 전자 장비에 이상을 일으키고, 식물의 성장을 방해하기도 한다. 황사가 발생했을 때, 노약자나 호흡기 질환자는 되도록 외출하지 않는 것이 좋다. 외출을 꼭 해야 한다면, 마스크를 반드시 착용해야 한다. 집에 돌아와서는 손과 발을 깨끗이 씻는다. 또 황사에 노출된 채소나 과일 등은 흐르는 물에 세척 후 먹어야 한다. 지구의 사막화와 산업화로 인하여 황사 문제는 날이 갈수록 심해지고 있다. 황사를 줄이기 위해서는 발원지의 생태계를 회복시켜야 한다. 중국은 최근 황사 문제를 해결하기 위해 주변 국가들과 머리를 맞대고 방안을 찾으려 노력하고 있다.

(1) 다음 표처럼 윗글을 다섯 부분으로 나누려고 합니다. 빗금(/)을 그어 다섯 문단으로 나누세요.

처음	황사 현상의 뜻
가운데	황사의 원인
	황사로 인한 피해
	황사 발생 시 대처 요령
끝	황사 문제 해결을 위한 노력

2 중심 문장

문단의 내용을 가장 잘 나타내는 문장을 '중심 문장'이라고 합니다. 중심 문장은 ①처럼 문단의 앞부분에 위치할 수도, ②처럼 뒷부분에 있을 수도 있습니다.

① 텔레비전을 통해 여러 가지 정보를 얻을 수 있다. 뉴스나 시사 프로그램에는 사회, 정치, 경제 같은 정보가 담겨 있다. 다큐멘터리는 인물이나 자연 등 폭넓은 분야의 다양한 정보를 사람들에게 전달한다.

② 텔레비전 프로그램 중에는 코미디, 드라마, 예능같이 재미를 주는 프로그램이 있다. 우리는 이런 프로그램을 시청하면서 휴식을 취하고 즐거움을 얻는다. 텔레비전은 일상생활에서 받는 스트레스를 풀어 주고, 여가를 즐기는 데에 도움을 준다.

 다음 글을 읽고 물음에 답하세요.

태풍의 피해를 줄이기 위해서는 철저히 대비해야 한다. 먼저 창문이나 지붕 등 강한 바람에 손상될 위험이 있는 곳은 단단히 고정한다. 하천이나 바다 주변, 저지대 등에 주차한 차량은 안전한 곳으로 옮겨 놓는다. 건물의 지하 주차장은 모래주머니 등을 이용하여 침수를 예방한다. 또 비닐하우스 같은 농업 시설물은 끈이나 버팀목으로 고정하고, 농경지는 배수로를 정비한다.

(1) 위 문단에서 중심 문장을 찾아 밑줄을 그으세요.

몸에 불필요한 지방이 지나치게 축적되어 뚱뚱한 상태를 '비만'이라고 한다. 음식을 많이 섭취하고 운동을 하지 않으면 남은 열량이 지방으로 몸에 쌓인다. 여기서 몸속에 지방이 너무 많이 쌓이면 비만이 된다.

① _____ 햄버거, 피자 같은 기름진 음식과 콜라, 아이스크림 같은 단 음식은 열량이 높다. 이런 음식을 자주 먹으면 비만할 가능성이 높아진다.

② _____ 하루 세끼 규칙적인 식사만 하는 것이 좋다. 식사 외에 다른 음식을 섭취하면 열량을 너무 많이 섭취하여 비만해질 수 있다.

③ _____ 게임이나 텔레비전 시청처럼 가만히 앉아서 즐기는 활동을 줄이고, 일주일에 세 번 이상 운동해야 한다. 또 운동을 한두 번 하고 그치는 것이 아니라, 꾸준히 하는 것이 좋다.

한번 비만이 되면 살을 빼는 데에 많은 시간과 노력이 든다. 따라서 비만을 예방하기 위해 음식 섭취에 신경을 쓰고 운동을 꾸준히 해야 한다.

(2) 밑줄 친 부분에 들어갈 중심 문장을 쓰세요.

① _____

② _____

③ _____

3 뒷받침 문장

중심 문장의 내용을 자세히 나타내는 문장을 '뒷받침 문장'이라고 합니다. 뒷받침 문장을 쓰는 데에는 여러 방법이 있습니다.

 다음은 뒷받침 문장을 쓰는 방법입니다. 물음에 답하세요.

1. 중심 문장을 자세히 풀어 씁니다.

만화에는 여러 문제점이 있다. 만화에는 글과 그림이 함께 있어서 독자의 상상력을 제한한다. 또 싸움이나 전쟁을 다루는 내용이 많아, 자신도 모르게 폭력적이고 공격적인 성격이 될 우려가 있다. 그리고 내용이 가벼워서 감동이나 지식을 기대하기 어렵다.

⑴ 다음 중심 문장을 자세히 풀어 뒷받침 문장을 쓰세요.

만화에는 여러 장점이 있다.

2. 구체적 실행 방법을 적습니다.

용돈을 아껴 써야 한다. 용돈은 꼭 필요한 곳에만 쓰고, 남은 돈은 저축한다. 용돈 기록장을 마련해 용돈의 쓰임을 기록하는 것도 좋다. 사고 싶은 물건을 메모해서 구매하는 것도 용돈을 아끼는 좋은 방법이다.

(2) 다음 중심 문장의 뒷받침 문장으로 구체적 실행 방법을 쓰세요.

	전기를 아껴 써야 한다.

3. 중심 문장과 관련한 예를 들어 자세히 설명합니다.

횡단보도를 건널 때에는 주의를 기울여야 한다. 얼마 전, 친구 정민이가 초록불이 켜진 횡단보도를 뛰어 건너다가 자동차와 부딪힐 뻔했다. 그 뒤로 나는 초록불이 켜지더라도 횡단보도를 건널 때에는 항상 좌우를 잘 살핀다.

(3) 중심 문장과 관련한 예를 들어 뒷받침 문장을 쓰세요.

	바른 자세로 앉아야 한다.

4. 중심 문장의 까닭을 씁니다.

직업은 꼭 필요하다. 직업을 통해 돈을 벌어야, 사람은 의식주 등의 기본 생활을 꾸려 나갈 수 있다. 또 자신이 하고 싶은 일을 하면서 삶의 보람을 얻을 수도 있다. 개인이 직업을 갖고, 맡은 일을 열심히 하면 자연스럽게 사회도 발전한다.

(4) 다음 중심 문장의 이유를 들어 뒷받침 문장을 쓰세요.

	질서를 잘 지켜야 한다.

3과 원고지 사용법

원고지에 글을 쓸 때 지켜야 할 규칙이 있습니다.

1. 원고지의 맨 윗줄은 비우고, 제목은 둘째 줄 가운데에 적습니다.

2. 학교 이름은 셋째 줄의 오른쪽 끝 두 칸을 비우고 적습니다.

3. 학년, 반, 이름은 넷째 줄의 오른쪽 끝 두 칸을 비우고 적습니다.

4. 한 줄을 비우고 본문을 시작합니다.

(1) 잘못 쓴 곳 세 부분을 찾아 동그라미로 표시하고, 다음 글을 빈 원고지에 올바르게 옮겨 쓰세요.

지구가 ' 탄소 발자국'을 읽고 제주 바다 6 학년 3 반 양가람 뜨거워지고 있다. 이산화

탄소 같은 온실가스가 지구를 둘러싸서,
대기의 열이 지구 밖으로 배출되지 못

2 고쳐 쓰기

 고쳐 쓰기와 교정 부호에 대한 내용을 잘 읽고 물음에 답하세요.

계획을 세우고 글을 쓰는 것만큼 고쳐 쓰는 것도 중요합니다.

글을 고쳐 쓸 때에는 다음 내용을 확인합니다.

1. 맞춤법이나 띄어쓰기에 어긋난 부분이 있나요?

2. 적절하지 않은 낱말이나 어색한 문장이 있나요?

3. 불필요한 부분은 없나요?

4. 원고지 사용법에 맞추어 썼나요?

위 내용에 따라 글을 고쳐 쓸 때 사용하는 부호가 있습니다. 이를 '교정 부호'라고 합니다.

교정 부호	쓰임	교정 부호	쓰임
∨	띄어 쓸 때	⌒	붙여 쓸 때
⟳	한 글자를 고칠 때	⌐	줄을 바꿀 때
↰	줄을 이을 때	⊔	여러 글자를 고칠 때
⟳	글자를 뺄 때	Y	글의 내용을 추가할 때
∽	앞뒤 순서를 바꿀 때	＝	필요 없는 내용을 지울 때

(1) 앞에서 배운 내용을 바탕으로 다음 글을 고쳐서 원고지에 옮겨 쓰세요. 옮겨 적을 칸이 부
족하면 쓸 수 있는 데까지만 쓰세요.

양평으로 가족 여행을 다녀 와서

서울 하늘늘 초등학교

6
5학년 4반 성구름

양평으로 지난 주말에 가족여행을 갔다.

숙소 옆 계곡에서 물놀이를 신나게 했다. 집으로 오는 길에는 소나기마을도

소설   기념하기
둘러보았다. 소나기마을은 동화 '소나기'를 지으신 멋찬 황순원 선생님을

위해 만들어진 곳이다.

4과 생활문

1 생활문이란?

생활문은 자신이 겪은 일과 그 일을 겪으며 든 느낌이나 생각을 쓴 글입니다. 이때 자신이 겪은 일을 '글감', 그 이야기를 통해 하려고 하는 생각을 '중심 생각'이라고 합니다.

생활문을 쓰기에 앞서 그 일이 어떻게 벌어졌는지 순서대로 정리하면 내용을 체계적으로 쓸 수 있습니다.

글감	영훈이에게 생일 선물을 주었다.
처음	① 친구들과 영훈이네 집에서 모였다.
가운데	② 친구들이 준비한 선물 가운데 내 것이 가장 형편없어 보였다.
	③ 영훈이에게 선물을 줄까 말까 망설였다.
끝	④ 내가 선물을 건네자, 영훈이는 맘에 든다며 좋아했다.
중심 생각	내 선물이 영훈이 마음에 들어서 다행이다.

글감을 정하면, 그 일이 일어난 순서를 정리합니다. '처음'에는 사건이 일어나기 전의 상황을 씁니다. '가운데'에서는 사건이 발생하여 긴장감이 점점 높아지는 부분까지 적습니다. 마지막 '끝' 부분에는 일이 마무리된 상황을 나타냅니다.

이렇게 사건을 순서대로 적은 뒤, 자신의 느낌이나 생각을 적습니다.

생활문 연습

(1) 다음 글을 읽고 네 부분으로 나눈 뒤 주요 내용을 빈칸에 쓰세요.

강희가 이사 가던 날

8월 1일에는 아침부터 비가 부슬부슬 내렸다. 9시가 조금 지나 강희에게서 전화가 왔다. 그런데 목소리가 슬프게 느껴졌다.

"지은아, 미안해. 미리 연락했어야 했는데⋯⋯."

강희는 급하게 이사를 하게 되었다고 했다. 갑자기 충격적인 소식을 들어 정신이 멍해졌다.

"강희야, 뭐라고? 진짜야?"

눈물이 날 것 같았다. 하지만 꾹 참고 물어보았다.

"몇 시에 떠나? 가기 전에 잠깐 나 만날 수 있어?"

강희는 11시에 출발한다고 했다. 마음이 급해졌다. 얼른 전화를 끊고 책장에서 사진첩을 꺼냈다. 그러고는 내가 제일 예쁘게 나온 사진을 골라 손에 쥐었다.

시계를 보니 벌써 10시가 넘었다. 사진을 안주머니에 넣고 빗속을 달리기 시작했다. 걸어서 10분도 걸리지 않는 거리인데 그날따라 무척 멀게만 느껴졌다. 숨이 찼지만 멈출 수 없었다.

"강희야, 아직 안 떠나서 다행이다!"

강희네 아파트 앞에 도착했을 때, 아직 아저씨들이 짐을 나르고 계셨다.

"응. 이제 내 방 짐만 꺼내면 출발할 것 같아."

강희네는 부산으로 간다고 했다.

"너무 멀리 간다. 가까우면 자주 보러 가려고 했는데……. 참, 이거."

내 사진을 강희에게 주었다. 강희는 사진을 물끄러미 보았다.

"고마워, 지은아. 난 아무것도 준비하지 못했는데……."

강희는 내 손을 잡았다.

"강희야, 이제 가야지."

강희 어머니 말씀에 난 눈물이 났다. 이제 다시는 못 볼 것만 같았다.

"강희야, 잘 가. 전화 꼭 자주 해야 돼!"

"응. 꼭 전화할게. 잘 지내."

한참 그 자리에 서서 이삿짐 차가 떠나는 모습을 바라보았다. 하늘도 내 슬픈 마음을 아는지 비가 주룩주룩 쏟아졌다.

글감	강희네가 부산으로 이사를 했다.
처음	① 8월 1일 오전에 강희에게서 전화가 왔다.
가운데	② 강희네가 급하게 이사를 한다고 했다.
	③
끝	④
중심 생각	다시는 강희를 못 볼 것 같아서 슬펐다.

3 대화와 생각

생활문은 자신이 겪은 일과 그 일을 겪으며 든 생각이나 느낌을 쓴 글입니다. 그날 자신이 겪은 일을 자세하게 나타내어야 읽는 사람이 쉽게 이해할 수 있습니다.

자신이 겪은 일을 자세하게 나타내려면 대화와 생각을 쓰는 것이 좋습니다. 대화 내용과 생각을 나타내면 자신이 어떤 일을 겪었고, 무슨 생각을 하였는지 독자에게 생생하게 전달할 수 있습니다.

대화나 생각을 쓸 때에는 줄을 바꾸고 첫 칸을 비웁니다.

	2학기 회장 선거를 했다. 내 표는 하나도 없었다.
◯	'뭐야. 내 표는 하나도 없잖아. 아, 너무 창피해. 애들이 놀릴 거 같은데
◌	어쩌지?'
	아니나 다를까 현준이가 나를 보더니 막 웃었다.
◯	"야, 빵 표! 빵 표가 뭐냐! 현지도 두 표나 받았는데. 너라도 너를 찍었어
◌	야지."
	"야, 놀리지 마. 나도 너무 창피하단 말이야."

대화나 생각이 길어서 두 줄 이상이 되면 끝날 때까지 계속 첫 칸을 비우고 씁니다.

다음 글에 대화를 넣어 생생하게 고쳐 쓰세요.

내가 누나에게 줄넘기 대결을 하자고 제안했다. 누나는 나를 한 번 힐끔 쳐다보더니 자기한테는 상대가 안 된다며 무시했다.	내가 누나에게,
	"우리 줄넘기 대결하자."
	하고 제안했다. 누나는 나를 한 번 힐끔 쳐
	다 보더니
	"넌 나한테 상대가 안 돼."
그래서 나는 자신 없냐고, 질 것 같아서 그러냐고 누나를 살살 약 올렸다. 그랬더니 누나가 대결을 받아들였다.	하며 무시했다.
	"자신 없어서 그러는구나? 하긴 내가 연습
	하는 모습 봐 왔으니까 질 것 같겠지."
	누나를 살살 약 올렸다.
	"그래? 좋아. 나도 안 봐주겠어!"
	누나가 대결을 받아들였다.

(1)

트럭에 사과를 가득 싣고 온 아저씨께서 맛 좋은 사과를 사라고 마이크에 대고 외치셨다. 그 소리가 동네에 쩌렁쩌렁 울려 퍼지자 동네 아주머니들께서 몰려 나오셨다.	

아주머니들께서 얼마냐고 물어보시자, 아저씨는 신이 나서 한 봉지에 오천 원이라고 알려 주셨다.

(2)

집에 와서 국어 숙제를 하려고 공책을 폈다. 자신의 꿈을 이룰 수 있는 방법을 찾아 적어야 했다.

난 하고 싶은 것도, 꿈도 없는데 뭘 써야 할지 몰랐다.

누나한테 꿈을 물어보았다. 누나는 간호사가 되고 싶다고 했다. 누나는 꿈이 있어서 좋겠다고 말했다.

난 되고 싶은 게 정말 하나도 떠오르지 않았다. 공책에 뭘 써야 할지 아무것도 생각나지 않아서 난감했다.

(3) 다음 글에 대화와 생각을 넣어 더 실감 나게 표현하세요.

할머니 생신날이었다. 차를 타고 할머니 댁에 가는데 길이 너무 막혔다. 출발한 지 한 시간 정도 지났을 때 갑자기 오줌이 마려웠다. 아버지께 말씀드렸더니 아버지께서 휴게소까지는 아직 한참 더 가야 한다고 말씀하셨다. 차를 타고 나온 사람들이 미웠다. 아버지께 최대한 빨리 가 달라고 말씀드렸지만 아버지도 뾰족한 수는 없었다. 어렵게 30분을 더 참아 휴게소에 도착했다. 차가 멈추자마자 화장실로 달렸다. 누나는 내 모습을 보고 웃었다. 나는 화장실에서 나오면서 한숨을 쉬었다. 5분만 늦었어도 큰일 날 뻔했다고 생각했다.

4 선영이 생일

 다음 글을 읽고 물음에 답하세요.

지난달이었다. 민준이가 교실에 도착하여 자리에 앉으려는데 책상 위에 무언가 놓여 있었다. 하얀색 종이봉투였다. 겉에는 '민준이에게'라고 쓰여 있었다. 봉투 안에는 선영이가 보낸 생일잔치 초대장이 들어 있었다. 토요일 오후 1시에 선영이네 집에서 친구들과 함께 생일잔치를 하고 싶다는 내용이 적혀 있었다.

사실 민준이는 선영이와 그리 친하지 않았다. 그래서 초대장을 받았을 때 깜짝 놀랐다. 선영이는 성격이 좋아 친구들에게 인기가 좋고, 늘 잘 웃어 민준이도 친하게 지내고 싶었기 때문에 기분이 좋았다.

드디어 토요일이 되었다. 민준이는 아침부터 괜히 설레었다. 무슨 옷을 입을지 고민도 하고, 어떤 음식이 있을지, 선영이와 무엇을 하고 놀지 기대도 하였다.

12시 30분이 되어 민준이는 집을 나섰다. 선영이네 집까지는 10분밖에 안 걸리지만 민준이는 서둘렀다. 떨리는 마음으로 선영이네 집 앞에서 시간이 가기만을 기다리다가 12시 50분이 되어 초인종을 눌렀다.

"안녕하세요. 저는 선영이 친구 김민준입니다."

"그래. 네가 민준이구나. 반가워. 어서 들어와."

선영이 어머니께서 반갑게 맞아 주었다. 일찍 와서 그런지 친구들은 한 명도 없었다. 거실의 넓은 상에는 피자와 떡볶이 같은 맛있는 음식들이 잔뜩 놓여 있었다.

민준이는 자리에 앉아 선영이와 함께 친구들을 기다렸다. 그런데 이상하게 시간이 지나도 친구들은 나타나지 않았다. 약속 시간이 다가오자 한 명, 두 명 선영이에게 연락을 보내오기 시작했다.

"선영아, 미안. 가족들이랑 공원에 놀러 왔어. 나만 빠질 수가 없어서 생일잔치에 못 갔어. 미안해. 월요일에 만나자."

"선영아, 오늘 할머니 생신이라서 할머니댁에 가느라 생일잔치 못 갈 거 같아. 미안해. 월요일에 생일선물 줄게. 정말 미안."

5학년 때 선영이와 같은 반이었던 현정이와 윤아도 못 온다고 연락을 보내왔다. 심지어 선영이과 가장 친한 민주도 오지 못했다. 결국 선영이 생일잔치에 온 손님은 민준이뿐이었다.

늘 밝은 표정만 보이던 선영이였지만 그때만큼은 시무룩했다.

"선영아, 어쩌지? 친구들 많이 올 줄 알고 음식도 많이 준비했는데."

선영이 어머니 말씀에 선영이는 눈물이 또르르 흘러내릴 것만 같았다. 민준이는 어찌할 줄을 몰라 잠자코 앉아만 있었다.

하지만 슬퍼하고만 있을 선영이가 아니다. 선영이는 큰 결심이라도 한 듯이 한숨을 크게 쉬고는 민준이에게 웃으며 말했다.

"우리끼리라도 맛있는 거 실컷 먹자."

"그래. 내가 친구들 몫까지 10배로 축하해 줄게. 생일 축하해."

민준이는 준비한 선물을 선영이에게 내밀었다. 선물 상자 안에는 민준이가 고심하여 고른 머리띠와 머리핀이 있었다. 민준이는 자신이 고른 선물을 과연 선영이가 좋아할지 걱정했다.

"우와! 진짜 예쁘다. 고마워. 꼭 하고 다닐게."

민준이 얼굴이 빨개졌다.

"자, 우리 셋이서라도 케이크 불 끄고 음식 먹자."

어머니께서 케이크를 가지고 오셨다.

생일 축하 노래가 끝나자 선영이가 촛불을 끄고 케이크를 잘랐다. 민준이와 선영이는 잔칫상에 있는 음식을 맛있게 먹었다.

음식을 맛있게 먹고 선영이는 민준이에게 방을 보여 주었다. 분홍색 벽지, 분홍색 이불 등 온통 분홍색이었다. 만화책을 좋아하는 선영이답게 책장에는 만화책이 잔뜩 꽂혀 있었다.

"혹시 너 만화 좋아하니?"

"응. 나 이거랑 이거 좋아해."

민준이가 좋아하는 만화책이 책장에 많았다.

"진짜? 나도 이걸 제일 좋아해."

둘은 만화 이야기를 나누며 사이가 가까워졌다. 한참 이야기를 나누다 보니 말도 잘 통하고 성격도 비슷한 것 같았다.

"그동안 왜 너랑 친해지지 못했을까? 이렇게 비슷한 점이 많은데."

"그러게. 앞으로 더 친하게 지내자."

만화책도 보고 이야기를 나누다 보니 어느새 다섯 시가 넘었다. 민준이는 집에 간다며 일어섰다.

선영이는 지난주에 산 만화책 두 권을 민준이에게 빌려주었다. 민준이는 만화책을 들고 기쁜 마음으로 선영이네 집을 나왔다.

"선영아, 만화책 빌려줘서 고마워. 잘 보고 갖다 줄게."

"응. 나는 이미 본 거니까 천천히 줘도 돼. 잘 가."

민준이는 선영이와 친해져서 기분이 좋았다.

(1) 앞 글을 민준이의 입장에서 정리하려고 합니다. 빈칸에 알맞은 내용을 쓰세요.

글감	선영이 생일잔치에 다녀왔다.
처음	① 선영이 생일잔치에 참여하려고 선영이네 집에 갔다.
가운데	② 다른 친구들이 오지 않아 선영이가 시무룩했다. ③
끝	④
중심 생각	선영이와 친해져서 기분이 좋았다.

 위 표의 ①~④를 자세히 나타내려 합니다. 다음 도움말을 이용하여 내용을 자세히 쓰세요.

(2)

① 선영이 생일잔치는 언제 했나요?
② 선영이네 집에는 몇시에 들어갔나요?

(3)

① 잔칫상에는 어떤 음식이 있었나요?

② 선영이 생일잔치에는 누가 참석하고, 누가 불참했나요?

③ 선영이의 표정은 어땠나요?

(4)

① 민준이는 생일 선물로 무엇을 주었나요?

② 민준이는 생일 선물을 주면서 어떤 생각을 했나요?

③ 민준이와 선영이는 생일 축하 후에 무엇을 했나요?

(5)

① 민준이는 선영이네 집에서 몇 시에 나왔나요?

② 선영이는 민준이에게 무엇을 빌려주었나요?

③ 민준이는 어떤 마음이 들었나요?

(6) 자신을 민준이라고 생각하고 (2)~(5)의 내용을 모아 생활문 한 편을 완성하세요.

선영이 생일

5 글감 찾기

 자신이 겪은 일로 다음 표를 채우세요.

글감	
처음	①
가운데	② ③
끝	④
중심 생각	

글감	
처음	①
가운데	② ③
끝	④
중심 생각	

글감	
처음	①
가운데	②
	③
끝	④
중심 생각	

글감	
처음	①
가운데	②
	③
끝	④
중심 생각	

6 생활문 쓰기

45~46쪽에 쓴 글감 가운데 하나를 골라 생활문을 쓰세요.

5과 기사문

1 기사문이란?

기사문은 알릴 만한 가치가 있는 사건이나 사실을 다른 사람들에게 빠르고 정확하게 전달하기 위하여 쓴 글입니다. 따라서 사실을 있는 그대로 써야 합니다. 또 육하원칙(언제, 어디서, 누가, 무엇을, 어떻게, 왜)을 이용해 자세하고 알기 쉽게 표현합니다.

(1) 다음 중 더 잘 쓴 기사문을 찾아 ○표 하세요.

①
별빛 초등학교 운동회 열린다

별빛 초등학교는 학생들의 체력과 단결력을 기르기 위해 운동회를 한다. 학생들은 10월 20일, 별빛 초등학교 운동장에서 학년 당 두 경기씩, 모두 열두 경기를 치른다. 우승 팀에게는 상품으로 여러 학용품을 나누어 줄 예정이다.

(   )

②
등교 시간은 8시 50분까지

별빛 초등학교의 등교 시간은 8시 50분까지다. 9시에 첫 수업이 시작되기 때문이다. 하지만 늦잠 자는 친구들이 많으므로 등교 시간을 9시 30분까지로 늦추면 좋겠다. 그리고 등교 시간에 맞추어 수업도 10시부터 시작하는 것이 바람직하다.

(   )

2 육하원칙

 다음 기사를 읽고 질문에 답하세요.

우리 함께 고운 말을 써요

하늘 초등학교 6학년, '고운 말 쓰기' 운동 벌여

욕설과 거친 말이 난무하는 요즘, 고운 말 쓰기에 앞장선 학생들이 있다. 하늘 초등학교 6학년 학생들은 지난 4월 7일부터 11일까지 교내에서 '고운 말 쓰기' 운동을 벌였다.

학생들이 욕이나 비속어를 사용하지 않고 올바른 언어 습관을 들이도록, 6학년 학생들이 이 운동을 준비하였다. 참가자들은 '고운 말 쓰기' 운동 한 달 전부터 학생들이 쓰는 거친 말을 조사하고, 그것을 대신할 표현을 알아보았다.

이 운동에 참여한 학생들은 4월 7일부터 닷새 동안 고운 말을 쓰자는 손 팻말을 들고, 학교 곳곳을 돌아다니며 욕설이나 거친 말을 사용하지 말자고 외쳤다.

'고운 말 쓰기' 운동에 참여한 양진혁 학생은, "평소에 학생들이 나쁜 말을 많이 사용한다는 사실에 새삼 놀랐다. 앞으로 학생들이 비속어 대신 바르고 고운 말을 쓰는 습관을 들이면 좋겠다." 하고 말했다.

이 운동을 옆에서 지도한 정바른 선생님은 다음과 같이 덧붙였다. "올바른 언어 사용은 사고력 발달과 사회성 형성에 긍정적인 영향을 끼친다. 또 이 운동을 통해 다툼이 줄고 학급 분위기가 좀 더 밝아질 것으로 기대한다."

고운 말 쓰기 운동은, 학생들이 자신들의 언어 습관을 뒤돌아보고 고운 말에 대해 생각해 보는 기회였다.

(1) 앞의 기사 내용을 아래 표에 정리하세요.

누가	
언제	
어디에서	교내
무엇을	
어떻게	
왜	학생들이 욕이나 비속어를 사용하지 않고 올바른 언어 습관을 들이도록

(2) 다음 표의 내용으로 기사문을 쓰세요.

누가	사랑 초등학교 6학년 3반 학생들
언제	지난 4월 17일
어디에서	교실에서
무엇을	'친구야, 우리 함께 밥 먹자'라는 프로그램
어떻게	학생들이 각자 집에서 밥과 반찬을 싸 와, 큰 그릇에 모두 넣고 비빔밥을 만들어 먹었다.
왜	학교 폭력을 예방하고, 친구들과의 우정을 쌓을 기회를 만들기 위해서.

친구야, 우리 함께 밥 먹자

사랑 초등학교 6학년, 함께 비빔밥 먹으며 우정 나눠

신문 기사의 제목은 표제와 부제로 나눌 수 있습니다. 표제는 기사의 전체적인 내용을 나타내고, 부제는 구체적인 내용(언제, 누가 등)을 알립니다. 따라서 표제와 부제만 보더라도 기사가 어떤 내용인지 대략 알 수 있습니다.

> 친구야, 우리 함께 밥 먹자
> 사랑 초등학교 6학년, 함께 비빔밥 먹으며 우정 나눠
>
> 사랑 초등학교는 학교 폭력을 예방하고 우정을 나누기
> 위해 친구들과 비빔밥을 만들어 먹는 기회를 마련했다.

⌐ 표제
⌐ 부제

(1) 다음 기사에 어울리는 표제와 부제를 쓰세요.

①
_____

②
_____

지난 5일, 백운산 숲 해설가들은 백운산 생태숲에서 '숲 체험 교실'을 열었다.

이날 체험 교실에는 숲속 초등학교 6학년 학생들이 참가했다. 학생들은 숲 해설가들에게 여러 곤충과 식물에 대한 설명을 들었다. 또 풀과 나뭇잎에 잉크를 묻혀 그 모양을 손수건에 찍어 내는 활동 등 다양한 프로그램에 참여했다.

한지원 학생은 "숲 해설가 선생님의 설명을 듣고 나니, 나무에 관심이 생겼다. 또 숲을 보호해야겠다는 생각도 들었다." 하고 말했다.

4 기사 쓰기

다음은 준하가 쓴 일기입니다.

10월 11일 금요일 따스한 햇볕

진로 탐색 캠프

학교 체육관에서 '진로 탐색 캠프'가 열렸다. 이번 캠프는 우리 6학년 학생들의 소질과 적성을 찾아 주고, 그에 따른 직업을 학생들에게 소개하기 위해 치러졌다.

프로그램을 진행하기에 앞서, 교장 선생님께서는 이 캠프를 통해 자신의 소질과 적성을 알아보고, 다양한 직업에 관심을 가지게 되길 바란다고 말씀하셨다.

진로 탐색 캠프는 총 세 프로그램으로 진행됐다. 제일 먼저 학부모 초청 수업이 있었다. '만나고 싶은 직업인' 설문 조사 결과로 초청된 분들이셨다. 운동선수, 화가, 경찰관, 의사 등 여러 직업의 학부모님께서 우리의 궁금증을 풀어 주셨다.

두 번째는 '진로 골든벨'이었다. 다양한 직업과 관련한 문제를 푸는 시간이었다. 6학년 4반 신미래가 골든벨을 울려서 상품을 받았다. 무척 부러웠다.

마지막으로 '내 꿈 그리기' 시간이 있었다. 20년 뒤 자신의 직업을 상상하며 그림을 그리는 시간이었다. 그림 아래에는 명함도 만들어 붙였다. 나는 요리사가 된 모습을 상상하며 그림을 그리고 명함까지 만들었다. 그러고 나니 정말 내가 요리사가 된 것처럼 좋았다. 그리고 꿈을 꼭 이루고 싶다는 생각이 들었다.

이번 캠프는 내 꿈이 무엇이고, 내게 어떤 소질이 있는지 살펴본 소중한 시간이었다. 꿈을 이루기 위해 해야 할 일을 생각해 보고 그것들을 차근차근 준비해 나가겠다.

(1) 준하가 쓴 일기를 바탕으로 기사를 쓰세요.

희망 초등학교 신문	20○○년 10월 12일

6과 설명문

1 설명문이란?

설명문은 읽는 사람이 어떤 대상에 대해 잘 이해할 수 있도록 쉽게 풀어 쓴 글입니다. 논설문이 상대방을 설득하는 글이라면, 설명문은 상대를 이해시키는 글입니다. 설명문을 쓸 때 몇 가지 주의할 점이 있습니다.

1. 설명하려는 대상에 대해 잘 알고 있어야 합니다.
2. 설명하려는 대상에 대한 자료를 충분히 모아서 잘 정리합니다.
3. 문장은 쉽고 간결하게 씁니다.
4. 사실을 있는 그대로 쓰는 글이므로 개인적인 생각을 쓰지 않습니다.
5. 주제에 알맞은 설명 방법을 선택하여 씁니다.

 다음 글을 읽고 물음에 답하세요.

우리나라 곳곳에는 '고인돌'이라고 불리는 무덤이 많이 있다. 이것은 아주 먼 옛날 사람들의 무덤이다. 고인돌은 제작 방식에 따라 크게 세 종류로 나눌 수 있다.

탁자식 고인돌은 잘 다듬어진 대형 받침돌을 땅 위에 두서너 개 세우고, 그 위에 덮개돌을 얹어 만든다. 주로 우리나라 북부 지방에서 발견된다.

지하에 돌로 무덤방을 만들고, 그 위에 받침돌을 두서너 개 놓은 뒤 덮개돌을 얹어 만든 것을 바둑판식 고인돌이라 한다. 주로 우리나라 남부 지방에서 발견되어 남방식 고인돌이라고도 불린다.

구덩식 고인돌은 커다란 덮개돌만으로 이루어진 것처럼 보인다. 하지만 땅 속에 무덤방을 짓고 그 위에 커다란 돌을 뚜껑처럼 올려 만든다. 우리나라 전역에 분포하고 있어 가장 많이 볼 수 있는 형태다.

전 세계 고인돌의 40% 이상이 우리나라에 있다. 특히 인천광역시 강화, 전라북도 고창, 전라남도 화순 지역에 집중적으로 몰려 있다. 이곳의 고인돌들은 보존 상태가 좋고 가치가 높아서 2000년에 세계 문화 유산으로 등록되었다.

(1) 다음은 윗글의 내용을 요약하여 정리한 표입니다. 괄호 안에 알맞은 말을 넣으세요.

처음	고인돌은 아주 먼 옛날 사람들의 무덤이다.		
가운데		① ( ) 고인돌	② 주로 우리나라 ( ) 지방에서 발견된다.
		③ ( ) 고인돌	④ 주로 우리나라 ( ) 지방에서 발견된다.
		⑤ ( ) 고인돌	⑥ 우리나라 ( ) 에 분포하여 가장 많이 볼 수 있다.
끝	전 세계 고인돌의 40% 이상이 우리나라에 있다.		

2 설명 방법 1

1. '정의'란 설명 대상의 뜻을 알려주는 방법입니다. '○○은 △△이다.', '○○란 △△이다.'라는 식으로 표현합니다.

> '채소'는 사람이 먹기 위해 밭에서 기르는 농작물이다. 우리는 영양분을 골고루 섭취하기 위해 다양한 채소를 재배하여 먹고 있다.

(1) 다음 낱말들을 사전에서 찾아 '정의' 방법으로 설명하세요.

① 간식

_____

② 수증기

_____

③ 지도

_____

2. '분류'란 어떤 대상을 일정한 기준으로 나누어 설명하는 방법입니다. 같은 대상이더라도 어떤 기준으로 분류하느냐에 따라 설명 내용이 달라질 수 있습니다.

① 자라는 기후에 따라

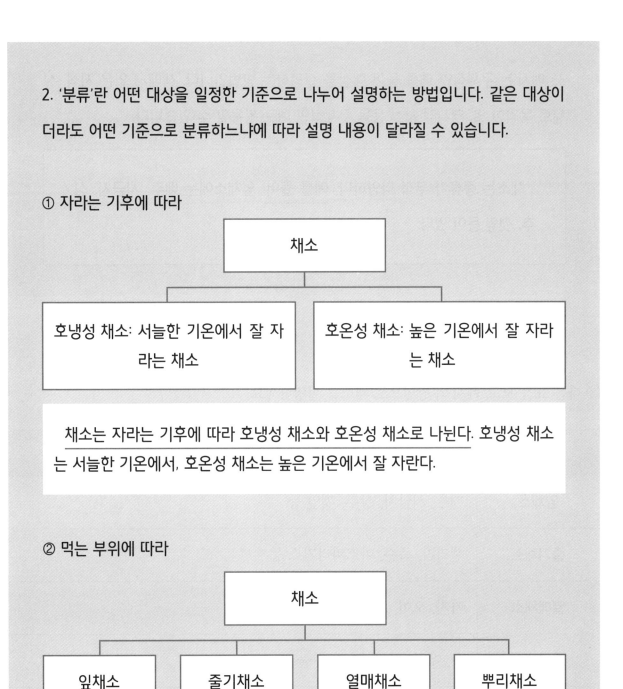

채소는 자라는 기후에 따라 호냉성 채소와 호온성 채소로 나뉜다. 호냉성 채소는 서늘한 기온에서, 호온성 채소는 높은 기온에서 잘 자란다.

② 먹는 부위에 따라

(2) 위에 쓰인 분류 기준 ②로 채소를 분류하는 글을 쓰세요.

사람이 먹기 위해 밭에서 기르는 농작물을 '채소'라고 한다.

3. '예시'는 구체적인 예를 들어 대상을 설명하는 방법입니다. 책에서 읽은 지식, 실제로 목격한 일, 역사적 사실 등을 구체적인 예로 활용할 수 있습니다.

> 채소는 종류가 무척 다양하다. 예를 들어, 잎채소에는 배추, 시금치, 상추, 깻잎 등이 있다.

(3) 다음 표를 보고 '예시'의 방법으로 채소를 설명하세요.

	종류
잎채소	배추, 시금치, 상추, 깻잎 등
줄기채소	셀러리, 죽순, 아스파라거스 등
열매채소	가지, 오이, 토마토 등
뿌리채소	무, 우엉, 당근, 연근, 마늘 등

	채소는 종류가 무척 다양하다. 잎채소에는 배추, 시금치, 상추, 깻잎 등이 있다.

설명 방법에는 여러 가지가 있습니다. 따라서 설명문을 쓸 때에는 자신이 쓰려는 주제에 맞는 설명 방법을 잘 골라 사용해야 합니다.

그런데 보통 설명문에는 설명 방법이 하나만 쓰이지는 않습니다. 즉 내용에 따라 다른 설명 방법이 사용되어 설명문 한 편이 이루어집니다.

채소의 종류

'채소'는 사람이 먹기 위해 밭에서 기르는 농작물이다. 우리는 영양분을 골고루 섭취하기 위해 다양한 채소를 재배하여 먹고 있다. ── 정의

채소는 종류가 무척 많다. 사람이 먹는 부위에 따라 잎채소, 줄기채소, 열매채소, 뿌리채소로 나누기도 한다. ── 분류

잎채소에는 배추, 시금치, 상추, 깻잎 등이 있다. 셀러리, 죽순, 아스파라거스 등은 줄기채소에 속한다. 가지, 오이, 토마토는 대표적인 열매채소다. 뿌리를 먹는 채소에는 무, 우엉, 당근, 연근, 마늘 등 여러 가지가 있다. ── 예시

이 채소들을 골고루 먹으면 우리 몸에 필요한 영양분을 충분히 섭취할 수 있다.

(4) 다음 자료와 표의 내용으로 '지구의 기후'라는 제목의 설명문을 쓰세요.

기후	일정한 지역에서 여러 해에 걸쳐 나타나는 평균적인 날씨.
위도	지구의 적도를 중심으로, 남북의 위치를 나타내는 선.

```
                      ┌─────────────────────────────┐
                      │     지구의 기후 - 위도에 따라      │
                      └─────────────────────────────┘
```

열대 기후	건조 기후	온대 기후	냉대 기후	한대 기후
저위도(0~23도) 지역에서 나타난다. 일 년 내내 기온이 높고, 강수량이 많다.	주로 위도 20도 부근에서 나타난다. 강수량이 매우 적다.	중위도(20~50도) 지역에서 주로 나타난다. 사계절이 비교적 뚜렷하다.	주로 위도 50도~70도 사이에서 나타난다. 온대 기후보다 겨울이 춥고 길다.	고위도(66~90도) 지역에서 나타난다. 두세 달을 제외하고 일 년 내내 땅이 얼어 있다.
인도네시아, 브라질	이집트, 호주	대한민국, 이탈리아	러시아, 캐나다	남극, 북극 지방

처음(정의)	기후의 뜻
가운데 (분류, 예시)	① 열대 기후의 특징과 열대 기후에 속하는 나라
	② 건조 기후의 특징과 건조 기후에 속하는 나라
	③ 온대 기후의 특징과 온대 기후에 속하는 나라
	④ 냉대 기후의 특징과 냉대 기후에 속하는 나라
	⑤ 한대 기후의 특징과 한대 기후에 속하는 나라
끝	요즘의 기후

지구의 기후

위도에 따라 기후가 나뉘기는 하지만 고도 등의 영향으로 정확하게 분포하지는 않

는 다. 그리고 요즘은 지구 온난화가 심각해지면서 기후가 많이 변하고 있다.

3 설명 방법 2

1. '묘사'란 대상의 모습을 자세히 표현하여, 독자가 마치 그림을 보고 있는 것처럼 생생하게 느끼도록 나타내는 설명 방법입니다.

묘사할 때에는, 전체에서 부분, 위에서 아래, 왼쪽에서 오른쪽과 같이 일정한 방향으로 설명해야 합니다. 그러지 않으면 독자가 대상의 모습을 쉽게 이해하기 어렵습니다.

> 민주는 가장 친한 친구입니다. 저와 같은 반, 바로 옆자리에서 공부하고 있습니다. 키는 우리 반에서 가장 큽니다. 머리는 긴데 요즘에는 뒤로 예쁘게 땋아 머리끈으로 묶고 다닙니다. 원피스로 된 치마를 즐겨 입고, 검은 구두를 좋아합니다. 저와는 다르게 무척 조용하고 침착한 성격입니다. 노래를 잘해서 꿈이 가수라고 합니다.

(1) 거울을 보고 자신의 얼굴을 머리에서 턱까지 '묘사' 방법으로 설명하세요.

2. '분석'이란 복잡한 대상을 단순한 부분으로 나누어 나타내는 설명 방법입니다.

> 꽃은 암술, 수술, 꽃잎, 꽃받침으로 이루어져 있다. 암술은 꽃의 중심부에 있다. 꽃가루를 받아 수정한다. 수술은 암술 바깥쪽에서 꽃가루를 만든다. 꽃잎은 암술과 수술의 바깥쪽에서 그 둘을 보호한다. 꽃받침은 꽃의 가장 바깥에서 꽃 전체를 받치고 보호한다.

(2) 다음 그림 속 대상을 어떤 부분으로 나눌 수 있을지 한 문장으로 쓰세요.

①
_____

_____

②
_____

_____

3. '비교'는 두 대상의 공통점을, 반대로 '대조'는 차이점을 나타내는 설명 방법입니다. 이 둘은 분명 다른 설명 방법이지만, 주로 함께 쓰입니다.

> 배구와 배드민턴은 공을 가지고 경기를 하는 구기 종목이다. 또 경기장 가운데에 네트를 두고 상대방 진영으로 공을 넘기는 운동 경기라는 공통점이 있다. 둘 다 올림픽 정식 종목이기도 하다.
>
> 그런데 배구는 6명이 한 팀을 이루어 경기하지만, 배드민턴은 혼자 하거나 두 명이 한 팀이 되어 경기를 치른다. 배구는 맨손으로, 배드민턴은 라켓으로 공을 친다는 점도 다르다. 또 배구공은 둥글지만, '셔틀콕'이라 불리는 배드민턴 공은 깃털이 달린 원뿔 모양이다.

비교
(공통점)

대조
(차이점)

(3) 호랑이와 사자의 공통점과 차이점을 두 개씩 찾아, 비교와 대조의 방법으로 설명하세요.

4. '과정' 설명법이란 일이 진행된 순서대로 설명하는 방법입니다. 시간과 공간의 순서대로 설명합니다.

> 우리는 집에서 편히 전기를 쓰고 있다. 발전소에서 만들어진 전기가 어떻게 집까지 도착할까?
>
> 화력, 원자력, 수력, 풍력, 태양광 등으로 발전소에서 전기를 만든다. 이렇게 <u>전기를 생산하는 일</u>을 '발전'이라고 한다. 발전소에서 만들어진 전기는 전압이 무척 높기 때문에, 우리가 전기를 쓰려면 전압을 낮추어야 한다. 이렇게 <u>전압을 낮추는 시설까지 전기를 보내는 일</u>을 '송전'이라고 한다. 그리고 기업이나 가정 등에서 쓸 수 있을 정도로 <u>전압을 낮추는 일</u>을 '변전', 그 시설을 변전소라 한다. 변전소에서 전압이 낮추어진 전기는 기업이나 가정으로 보내진다. <u>변전소에서 기업이나 가정으로 전기를 보내는 일</u>을 '배전'이라고 한다.
>
> 우리는 (①), (②), (③), (④)을 해 주시는 분들 덕분에 오늘도 전기를 사용하고 있다.

(4) 윗글의 ①~④에 들어갈 낱말을 차례대로 쓰세요.

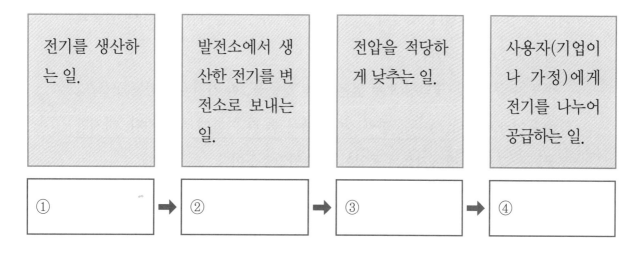

전기를 생산하는 일.	발전소에서 생산한 전기를 변전소로 보내는 일.	전압을 적당하게 낮추는 일.	사용자(기업이나 가정)에게 전기를 나누어 공급하는 일.
① →	② →	③ →	④

다음 자료를 보고 물음에 답하세요.

꽃의 구조

① 꽃은 식물의 번식 기관으로, 암술, 수술, 꽃잎, 꽃받침으로 이루어졌다.

암술은 꽃의 중심부에 있다. 암술머리, 암술대, 씨방으로 이루어져 있다. ② 꽃의 가장 윗부분에 둥그렇게 있는 부분이 암술머리다. 그 아래에는 빨대같이 생긴 둥근 기둥이 기다랗게 있는데, 이것이 암술대다. 암술대 아래에는 통통한 주머니 모양의 씨방이 있다. ③ 암술머리에 꽃가루가 내려앉으면 암술대를 통해 씨방으로 내려간다. 그러면 수정이 일어나 열매가 맺힌다.

암술 밖에는 수술이 여러 개 있다. 수술은 꽃밥과 꽃실(수술대)로 이루어진다. 꽃밥은 꽃가루를 담고 있는 부분이고, 꽃실은 꽃밥을 떠받치고 있는 가느다란 줄기다. 바람, 곤충, 새, 사람 등에 의해 이동한 꽃가루가 암술머리에 앉으면 수정이 일어난다.

꽃잎은 수술 밖에서 암술과 수술을 보호한다. 꽃의 종류에 따라 색깔과 모양이 다르다. 꽃잎이 하나하나 나뉘어 있는 것을 갈래꽃, 꽃잎이 하나로 이어져 있는 꽃을 통꽃이라고 한다.

꽃받침은 꽃잎 바깥쪽에 있다. 꽃이 자랄 때에는 꽃을 덮어서 보호하고, 꽃이 피면 꽃 전체를 받친다. 꽃잎이 없는 꽃의 꽃받침은 꽃잎처럼 발달하여 암술과 수술을 보호하기도 한다.

암술, 수술, 꽃잎, 꽃받침 모두 있는 꽃을 '갖춘꽃', 한 가지라도 없는 꽃을 '안갖춘꽃'이라고 한다. ④ 무궁화와 강아지풀은 둘 다 여름에 꽃이 핀다. 하지만 무궁화는 갖춘꽃, 강아지풀은 꽃잎이 없는 안갖춘꽃이다.

(5) 다음 그림을 보고 ㉠~㉣의 이름을 찾아 쓰세요.

㉠

㉡

㉢

㉣

| 암술 | 수술 | 꽃잎 | 꽃받침 |

(6) 앞 글의 ①~④에 쓰인 설명 방법을 찾아 쓰세요. 비교와 대조가 함께 쓰인 부분은 '비교 /
대조'라고 쓰세요.

① 　　　　　　　　②

③ 　　　　　　　　④

| 묘사 | 분석 | 과정 | 비교 / 대조 |

(7) 다음 자료를 바탕으로 '혈구의 종류와 역할'이라는 제목의 설명문을 쓰세요.

혈장	혈액에서 혈구를 제외한 액체 성분. 영양소와 노폐물 등 운반.
혈구	혈액의 고체 성분으로, 혈장 속에 떠다니는 세포. 적혈구, 백혈구, 혈소판이 있음.

	적혈구	백혈구	혈소판
모양	붉은색이며, 납작하고 가운데가 오목한 원반 모양.	적혈구보다 크며, 적혈구와는 다르게 모양이 다양함.	크기가 작으며 백혈구처럼 모양이 다양함.
역할	적혈구 안에 있는 헤모글로빈이 몸의 각 부분으로 산소를 나름.	몸에 침입한 세균이나 이물질을 없앰.	상처가 났을 때 피를 응고시켜 멎게 함.

혈액의 흐름	심장 → 폐 → 심장 → 온몸 → 심장
혈액의 역할	온몸을 돌며 산소와 영양소를 공급하고, 노폐물을 운반함.

처음(정의, 분석)	혈구의 뜻과 종류
가운데 (묘사, 비교 / 대조)	① 적혈구의 모양과 역할
	② 백혈구의 모양과 역할
	③ 혈소판의 모양과 역할
끝(과정)	혈액의 흐름과 역할

혈구의 종류와 역할

혈액은 혈장과 혈구로 이루어져 있다. 혈장은 혈액에서 혈구를 제외한 액체 성분으로, 영양소와 노폐물 등을 운반한다.

4 자료 보고 설명문 쓰기

(1) 다음 기사와 자료를 보고 '우리나라의 저출산 문제'라는 제목의 설명문을 쓰세요.

합계 출산율	여성 한 명이 낳을 것으로 예상하는 평균 출생아 수.

우리나라 합계 출산율, 다시 최저치

지난해 우리나라 '합계 출산율'이 0.84명을 기록했다. 20△△년 0.98명, 20□□년 0.92명이던 합계 출산율이, 20○○년에는 사상 처음으로 0.8명대까지 떨어졌다.

통계청이 발표한 '20○○년 출산 통계'에 따르면, 지난해 출생아 수는 27만 2,300명으로 1년 전보다 3만 300명 정도 줄었다. 출생아 수 감소 추세는 도시 규모가 작을수록 더 커서, 100년 뒤에는 지방의 시군구가 대부분 사라질 수도 있다는 예측이 나오고 있다.

이러한 저출산은 생산 가능 인구 감소를 불러와 경제 성장률도 함께 낮아지게 한다. 실제로 국제 통화 기금(IMF)은 우리나라의 잠재 성장률이 2050년까지 점차 낮아질 것으로 예측했다.

정부와 지방 자치 단체는, 출산에 대한 부담을 줄이기 위해 여러 정책을 시행하고 있다. 보육시설을 늘리고, 출산 장려금을 지급하며, 다자녀 가구에 주택 구매 혜택을 주고 있다.

* 국제 통화 기금(IMF): 국제 연합(UN)의 전문 기관으로 경제 발전을 위해 설립하였다.
* 잠재 성장률: 한 나라의 자본과 노동력을 최대한 활용하였을 때 달성할 수 있는 국민 총생산 성장률.

결혼 예정인 20, 30대 성인 남녀 각 500명을 대상으로 '결혼 후 자녀 출산 여부'를 조사했다. 또 출산하지 않겠다는 사람들을 상대로는 '아이를 낳지 않는 이유'를 물어보았다.

[자료1]

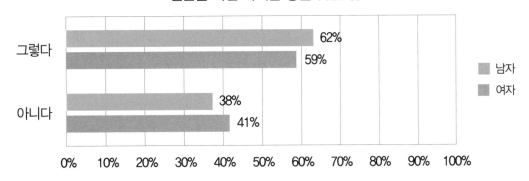

결혼을 하면 아이를 낳을 것인가?

그렇다 남자 62%
그렇다 여자 59%
아니다 남자 38%
아니다 여자 41%

■ 남자
■ 여자

[자료2]

'나는 아이를 낳지 않겠다'라고 응답한 이유

	남자	여자
1위	높은 부양비	직장 유지 불안
2위	자유로운 결혼 생활	높은 부양비

처음	합계 출산율의 뜻과 지난해 우리나라 합계 출산율 수준.
가운데	① 통계청의 '20○○년 출산 통계'.
	② 결혼 예정 성인 남녀를 상대로 한 설문 조사 자료.
끝	우리나라 정부의 출산 장려 정책.

7과 논설문

1 논설문이란?

논설문은 어떤 문제 상황에 대한 자신의 주장을 밝히는 글입니다. 자신의 주장을 논리적으로 전달하여 독자를 설득하기 위해 씁니다.

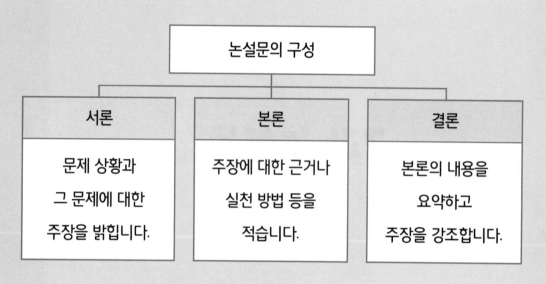

논설문의 구성

서론	본론	결론
문제 상황과 그 문제에 대한 주장을 밝힙니다.	주장에 대한 근거나 실천 방법 등을 적습니다.	본론의 내용을 요약하고 주장을 강조합니다.

⑴ 다음 글을 읽고 내용을 정리하세요.

올바른 식습관을 들이자

요즘 뉴스에서 초등학생들의 영양 불균형이 심각하다는 소식을 자주 접한다. 초등학생들의 영양 불균형은 대부분 바르지 않은 식습관의 결과로 생긴다. 따라서 어렸을 때부터 올바른 식습관을 들이는 것이 중요하다.

무엇보다 먼저, 음식을 골고루 먹어야 한다. 고기나 햄 같은 육류만 좋아하고 김치, 나물 같은 채소류는 먹지 않는 학생들이 있다. 몇 가지 음식만 좋아해서 그 음식만 먹다 보면 몸에 필요한 영양분을 균형 있게 섭취하지 못해 성장이 잘 이루어지지 않거나 병에 걸릴 수 있다.

패스트푸드 섭취를 줄여야 한다. 요즘은 패스트푸드를 쉽게 접할 수 있다. 하지만 피자, 치킨, 햄버거 같은 음식을 자주 먹으면 성인병에 걸리기 쉽다. 또 이런 음식들은 열량이 높아 많이 먹으면 비만해질 가능성도 크다.

외식을 줄이는 것도 좋은 식습관이다. 음식을 달거나 짜게 만드는 식당이 많다. 화학조미료도 집에서보다 많이 사용한다. 이에 비해 집에서 만든 음식은 좋은 재료와 부모님의 정성으로 만들어지기 때문에 건강에 좋다.

어려서부터 좋은 식습관을 들이면 건강하게 성장할 수 있다. 나쁜 식습관을 빨리 버리고 올바른 식습관을 익혀 건강과 성장이라는 두 마리 토끼를 모두 잡자.

처음	①
가운데	②
	③
	④
끝	⑤ 올바른 식습관을 익혀 건강과 성장을 모두 잡자.

논설문은 '서론, 본론, 결론'으로 이루어져 있습니다. 여기서 서론은 글쓴이가 읽는 이에게 '이 글을 쓴 까닭'과 '자신의 주장'을 밝히는 부분입니다.

서론을 쓰는 여러 방법이 있습니다.

1. 직접 경험한 일로 시작하기

어제 자전거를 타다가 자동차와 부딪힐 뻔했다. 골목길에서 좌우를 살피지 않고 탔기 때문이었다. 자전거를 타면 걸을 때보다 속도가 빠르기 때문에 자전거를 탈 때에는 특히 조심해야 한다.

2. 간접 경험한 일로 시작하기

요즘 뉴스에서 건널목 교통사고 소식을 종종 접한다. 건널목에서 신호나 제한 속도를 지키지 않는 사람들 때문이다. 따라서 건널목을 건널 때에는 평상시보다 조심해야 한다.

3. 큰 개념에서 작은 개념으로 나타내기

학교 등하굣길에 조심할 것이 많다. 검증되지 않은 불량 음식, 공사장 주변의 위험한 물건 등을 조심하며 다녀야 한다. 그것들 못지않게 중요한 것이 교통사고다.

4. 정의 내리기

습관이란 어떤 행위를 오랫동안 되풀이하여 몸에 밴 행동을 말한다. 한번 습관이 되면 고치는 것은 무척 어렵다. 따라서 습관이 되기 전에 나쁜 행동을 하지 말아야 한다.

5. 속담, 명언 등을 이용하기

'세 살 버릇이 여든까지 간다.' 어려서 생긴 버릇은 빨리 바로잡지 않으면 고치기 어렵다는 뜻이다. 그러므로 나쁜 습관은 생긴 것을 알았을 때 얼른 고쳐야 한다.

결론을 쓰는 방법도 있습니다.

1. 본론 내용을 정리하고 주장 강조하기

앞에서 살펴본 바와 같이, 나쁜 습관을 유지하면 자신의 건강이 나빠지거나 상대방과 거리가 멀어질 수 있다. 그러므로 나쁜 습관이 몸에 배지 않게 조심하고, 나쁜 습관이 생긴 것을 알게 되면 얼른 없애야 한다.

2. 본론 내용을 정리하고 미래를 전망하기

앞에서 살펴본 바와 같이, 나쁜 습관을 유지하면 자신의 건강이 나빠지거나 상대방과 거리가 멀어질 수 있다. 반대로, 나쁜 습관을 없애면 자신의 건강과 상대와의 친밀감을 지킬 수 있을 것이다.

다음은 어떤 글의 서론입니다. 앞에서 배운 내용을 바탕으로 고쳐 쓰세요.

(1) 직접 경험한 일로 시작하기 → 간접 경험한 일로 시작하기

> 바다로 가족 여행을 갔을 때였다. 사진을 찍으러 방파제에 올라갔는데 등대 아래에 쓰레기가 잔뜩 버려져 있었고 심지어 썩는 냄새도 났다. 이렇게 사람들이 함께 이용하는 곳에 쓰레기를 마구 버려서는 안 된다.

	텔레비전에서 바닷가에 쓰레기가 많이 쌓여 있다는 소식을 들었다.

(2) 속담 이용하기 → 정의 내리기

> '티끌 모아 태산.' 아무리 작은 것이라도 잘 모으면 큰 덩어리가 될 수 있으니 물건을 아끼라는 속담이다. 적은 돈도 절약하여 잘 모으면 큰돈이 될 수 있다. 무엇이든 평소에 아끼는 습관을 들여야 한다.

	절약이란

다음 글을 읽고 물음에 답하세요.

문화재를 보호하자

　문화재란, 예부터 전해 내려온 것 가운데 역사적으로 가치가 있는 유적이나 유물, 재주 등을 가리킨다. 아시아에서 가장 오래된 천문대인 첨성대, 세계적으로 아름다운 목조 건축물인 무량수전, 조상들의 생활과 정신이 담긴 판소리와 탈춤 등이 우리의 소중한 문화재다. 우리는 다음과 같이 문화재를 잘 보호해야 한다.

　첫째, 문화재 주변에서는 절대 뛰거나 장난치지 말아야 한다. 뛰거나 장난치다가 문화재를 건드릴 수 있기 때문이다. 문화재에 흠집이 생기거나 문화재가 파손되면 원래대로 돌이킬 수 없다. 따라서 문화재 주변에서는 평상시보다 조심히 행동해야 한다.

　둘째, 촬영이 금지된 곳에서는 무단으로 촬영해서는 안 된다. 오랫동안 땅속에 묻혀 있어서 빛에 민감한 문화재들은, 촬영할 때 발생하는 강한 빛 때문에 손상이 될 수도 있다. 또 촬영하는 동안 다른 관람객에 불편을 끼칠 수 있기 때문에 촬영이 금지된 곳에서는 사진을 찍지 말아야 한다.

　셋째, 문화재나 그 주변을 깨끗이 해야 한다. 사찰이나 성곽 같은 곳에 가 보면 낙서를 쉽게 볼 수 있다. 또 문화재 틈이나 주변에 버려진 쓰레기도 많다. 이런 낙서나 쓰레기를 지우고 치우면서 문화재가 훼손되기도 한다. 따라서 문화재나 그 주변을 깨끗이 유지하는 것이 중요하다.

(1)

우리 민족의 정신과 문화는 문화재에 고스란히 담겨 있다. 따라서 우리의 아름다운 문화를 간직하기 위해 문화재를 아끼고 사랑해야 한다.

(1) 윗글의 빈칸에 '문화재를 보호하는 방법'을 넣으려고 합니다. 알맞은 내용을 적어 논설문을 완성하세요.

	넷째,

4 반대 의견 논설문 쓰기

 다음 회의 내용과 준영이의 글을 보고 물음에 답하세요.

길거리에 쓰레기통을 설치해야 하는가

　현주네 반에서는 국어 시간에 '길거리에 쓰레기통을 설치해야 하는가'라는 주제로 토론을 했습니다. 회장인 현주가 사회자를 맡았습니다.

사회자: 오늘은 '길거리에 쓰레기통을 설치해야 하는가'라는 주제로 토론하겠습니다. 찬성 측과 반대 측은 발언권을 얻어 순서대로 발표해 주시기 바랍니다.

정　은: 예전에 텔레비전에서 외국인이 인터뷰한 영상을 보았습니다. 그 인터뷰에서 한 외국인은, 한국은 길거리에 쓰레기통도 없는데 거리가 무척 깨끗하다고 말했습니다. 이미 우리 거리는 깨끗하기 때문에 길거리에 쓰레기통을 설치하지 않아도 된다고 생각합니다. 쓰레기통 설치는 국민이 낸 세금만 낭비하는 일입니다.

태　민: 길거리를 걷다 보면 여기저기 담배꽁초가 떨어져 있는 모습을 볼 수 있습니다. 거리에 쓰레기통이 있으면 바닥에 버리지 않았을 텐데 없기 때문에 버린 것입니다. 따라서 쓰레기통을 설치하는 것이 좋겠습니다.

선　영: 길거리에 쓰레기통이 생기면 집에서 생기는 생활 쓰레기를 가져다 버리는 사람들이 생겨날 것입니다. 그 모습을 보는 사람들도 쓰레기 봉투값을 아끼기 위해 생활 쓰레기를 길거리 쓰레기통에 버릴 겁니다. 그러면 길은 금방 쓰레기로 넘쳐날 것입니다.

영　훈: 길을 걸으면서 음식을 먹거나 마시면 쓰레기가 발생합니다. 그때 거리에 쓰레기통이 없어서 불편을 겪으신 분들이 많이 계실 겁니다. 길거리에 쓰레기통을 설치해야 사람들이 길에서 음식도 자유롭게 먹고 마실 수 있습니다.

희　정: 공원 같은 공공장소에는 쓰레기통이 있습니다. 그곳을 보면 길거리 쓰레기통의 문제점을 발견할 수 있습니다. 바로, 분류 배출이 어렵다는 것입니다. 쓰레기를 분류하여 배출하지 않으면 자원이 낭비됩니다.

정　연: 길에 쓰레기통이 없으니 환경미화원들께서 고생하십니다. 쓰레기통을 만들면 사람들이 길거리에 쓰레기를 버리지 않을 테니, 환경미화원들을 위해서라도 쓰레기통을 설치해야 합니다.

사회자: 정말 찬성 측과 반대 측의 의견이 팽팽하네요. 또 다른 생각을 하시는 분 계신가요?

길거리에 쓰레기통을 설치하지 말아야 한다

1995년에 쓰레기 종량제가 실시된 이후, 길거리에는 쓰레기통이 점차 없어지고 있다. 그런데 요즘 몇몇 지방 자치 단체는 오히려 길거리 쓰레기통을 늘리려 하고 있다. 이것은 쓰레기 종량제를 시작하기 전으로 돌아가자는 주장과 같다. 길거리에 쓰레기통을 설치하지 말아야 한다.

길에 쓰레기통을 설치하면 국민이 낸 세금이 든다. 세금으로 국민을 위해 할 일도 많은데 쓰레기통을 설치하는 데에 쓰면 다른 데에 쓸 돈이 줄어든다.

깨끗한 길에 누군가 쓰레기를 한 번 버리면 다른 사람들도 따라 버리게 된다. 쓰레기통이 생긴다면 사람들이 쓰레기통에 온갖 쓰레기를 다 버릴 것이다. 길을 지나가다가 생기는 쓰레기 외에도 집에서 발생하는 생활 쓰레기까지 버려서 오히려 길이 더욱 지저분해질 것이다.

공원에 있는 쓰레기통을 보면 쓰레기통을 설치하면 안 되는 까닭을 알 수 있다. 공원 쓰레기통에는 과자 봉지부터 화장지, 플라스틱 물병, 음료수 캔까지 다양한 종류의 쓰레기가 뒤엉켜 있다. 이렇게 여러 종류의 쓰레기를 한꺼번에 버리면 재활용이 어려워 자원이 낭비되고 환경이 오염된다.

길거리에 쓰레기통을 설치하면 다른 곳에 쓸 수 있는 세금이 줄어들고, 길거리에 쓰레기도 늘어나며, 쓰레기를 분류 배출할 수도 없다. 이렇게 단점이 많은데 길거리에 쓰레기통을 설치할 필요가 있을까?

(1) 준영이의 글을 정리하여 다음 표의 빈칸을 채우세요.

서론	①
본론	②
	③
	④
결론	⑤

⑵ 준영이의 글과 반대 주장으로 논설문을 쓰려고 합니다. 다음 표의 빈칸을 채우세요.

서론	①
본론	②
	③
	④
결론	⑤

⑶ 위 표의 내용으로 논설문을 쓰세요.

길거리에 쓰레기통을 설치하자

5 자료 이용하여 논설문 쓰기

 다음 글을 읽고 물음에 답하세요.

자료 1

우리나라 어린이들의 비만이 점점 심각해지고 있다.

어린이 비만은 보통 어린이의 몸무게가 표준 체중보다 20% 이상 더 나가는 상태를 뜻한다. 지방 세포의 크기만 커지는 성인과 달리 성장기 어린이들은 지방 세포의 수도 증가한다. 늘어난 지방 세포 수는 성인이 되어도 줄지 않기 때문에 어린이 비만의 80% 정도가 성인 비만으로 이어진다.

비만한 어린이는 친구들의 놀림이나 부끄러움 때문에 자신감을 잃거나, 심하면 정서 장애를 겪기도 한다. 자신이 뚱뚱하다는 생각에 의기소침해져 우울증을 앓기도 하고, 사람들과 어울리는 것을 피하는 경우가 생길 수도 있다. 실제로 비만으로 인해 왕따 문제가 발생해서 학교생활에 흥미를 잃는 아이들이 생기고 있다.

또 어린 나이에 성인병을 겪게 될 가능성이 높아진다. 어린이 비만은 고혈압과 당뇨병의 원인이다. 거기에 고지혈증, 지방간, 심장 질환, 동맥경화 같은 심각한 질환을 일으킬 수도 있다.

그리고 비만에 의해 수면 장애가 일어나기도 한다. 성장기에 수면은 매우 중요한 역할을 한다. 뼈의 길이를 늘이고 근육을 증가시키는 성장호르몬, 인지 능력이나 성격 형성에 영향을 미치는 여러 호르몬은 주로 깊은 잠에 빠져 있을 때 분비되기 때문이다.

* 정서 장애: 외부 자극에 대해 적절한 정서 표현을 못하거나 정서 상태가 불안한 정신 이상 상태.

자료 2

어린이 비만이 점점 심각해지는 까닭으로 패스트푸드 섭취를 꼽는 사람이 많다.

미국 영화 '슈퍼사이즈 미(Supersize Me)'를 보면 햄버거가 비만에 얼마나 영향을 끼치는지 알 수 있다. 이 영화는 감독이자 주인공인 남성이 한 달 동안 햄버거 세트만 먹는 체험 과정을 찍은 다큐멘터리다. 주인공은 30일 동안 10kg 이상 몸무게가 늘었고 건강이 나빠졌다.

우리나라 환경운동가도 햄버거 먹기를 시도했다. 이 31세 남성은 24일 만에 몸무게가 3.4kg이나 늘었고, 건강이 심각하게 나빠졌다. 그래서 의사의 권고로 실험을 중단하였다.

이 두 사례는 햄버거, 피자, 아이스크림 같은 패스트푸드를 많이 먹으면 비만이 생기고 건강이 나빠질 수 있다는 경고 메시지를 주고 있다.

텔레비전 시청이나 컴퓨터 사용 등에 따른 운동 부족도 비만의 원인이다. 18세 미만의 초·중·고등학생을 대상으로 텔레비전과 컴퓨터 사용이 비만에 끼치는 영향을 조사하였다. 이 조사에서는, 텔레비전을 시청하거나 컴퓨터를 사용하는 시간이 하루 2시간 미만인 학생과 8시간 이상인 학생을 비교하였다. 그 결과, 8시간 이상 사용하는 학생은 2시간 미만 사용하는 학생보다 비만 위험이 약 네 배 높았다.

이외에 외식을 자주 하거나 아침을 거르는 것도 어린이 비만의 위험을 높이는 것으로 드러났다. 하루 1회 이상 외식을 하는 어린이는 그러지 않는 어린이보다 하루 평균 섭취 열량이 43%(600kcal)나 높았다. 아침을 거르는 아동의 비만율(11.2%) 역시 그러지 않는 아동(7.9%)보다 높았다.

(1) 어린이 비만의 뜻을 쓰세요.

_____

(2) 어린이 비만에 따른 위험에는 어떤 것들이 있나요? 자료 1에서 찾아 세 가지를 쓰세요.

①
_____

②
_____

③
_____

(3) 자료2 를 참고하여 비만의 원인과 그 해결 방법 세 가지를 쓰세요.

비만의 원인	비만 해결 방법
①	
②	
③	

(4) (1) ~ (3)의 내용을 정리하여 '비만을 예방하자'라는 주제의 논설문을 쓰려고 합니다. 다음 표의 빈칸을 채우세요.

처음	① 어린이 비만의 뜻
가운데	②
	③
	④
끝	⑤ 어린이 비만의 위험을 알고 비만을 예방하자

(5) 위 표의 내용으로 '어린이 비만의 심각성과 비만 극복 방법'이라는 제목의 논설문을 쓰세요.

다음 글을 읽고 물음에 답하세요.

어린이 경제 교실 열려

한 보험 회사에서, 지난 4월 5일부터 8일까지 우수 고객의 초등학생 자녀 50명을 초청해 '어린이 경제 교실'을 열었다. 이 행사로 행복시에 사는 4~6학년 어린이들이 교육을 받았다.

○○ 어린이 경제 교육 기관의 협조를 얻어 진행한 이번 교육 과정을 통해, 어린이들은 어려운 경제 용어와 경제 원리를 배웠다. 그뿐 아니라, 건전한 소비 생활을 하려면 어떻게 해야 하는지, 용돈 관리가 왜 필요한지, 효율적인 용돈 관리법에는 어떤 것이 있는지 등 실생활에 도움이 될 만한 내용을 배웠다.

이 과정을 끝낸 △△ 초등학교 6학년 어린이는, "돈의 소중함을 깨달았어요. 그리고 용돈을 관리하고 소비하는 올바른 방법에 대해 배울 수 있어서 참 좋았어요."라고 참가 소감을 밝혔다.

용돈은 부모님의 땀이다

어린이 경제 교육 만화책을 출간하려고 준비하던 회사원 김지롱(42) 씨는 딸 시아(8)와 은행 앞을 지나가고 있었다.

"시아야, 너 돈이 어디서 나오는 줄 아니?"

"그야 당연히 은행에서 나오죠."

시아는 모든 은행에서 돈을 찍어내는 것으로 알고 있었다. 그래서 김 씨는 딸에게 통장을 보여 주었다. 또 돈이 얼마 있는지 알려 준 뒤, 현금 인출기에서 돈을 찾고 잔액을 정리하였다. 그런 다음 다시 통장을 보여 주며 차근히 설명하였다.

"시아야, 이거 보렴. 아빠가 힘들게 일해서 번 돈이 매달 은행으로 들어온단다. 통장에 돈이 있어야 필요할 때 얼마씩 꺼내어 쓸 수 있는 거야. 현금인출기는 단지 그걸 계산해 주는 기계일 뿐이란다. 앞으로 엄마 아빠가 용돈을 줄 텐데 그러면 잘 관리해야 해. 필요한 곳에만 쓰고 아껴야 해. 그래야 정말 필요할 때 쓸 수 있거든."

우리 아이 부자 만드는 첫걸음! 용돈 관리의 모든 것

• 5~8세: 돼지 저금통에 저축하기(돼지 저금통에 돈이 차는 모습을 통해 저축의 개념 익히기),

　　　　쇼핑 놀이(엄마는 점원, 아이는 손님으로 역할을 나눈 뒤 과자, 장난감 등의 가격표 읽어 보기, 거스름돈 주고받기 등의 놀이를 한다).

• 9~10세: 은행 통장 만들기(돼지 저금통을 가져가 통장을 만들어 준다).

　　　　용돈 지급(용돈 일기 쓰기를 병행한다).

• 11~13세: 용돈 기입장 작성(용돈 지출 계획과 실제 수입, 지출을 적는다).

　　　　은행 심부름(공과금 납부, 자동화 기기에서 현금 인출 등을 연습한다).

　　　　할인 쿠폰 이용하기(외출 전 인터넷 등에서 할인 쿠폰을 찾아본다).

* 병행한다: 둘 이상의 일을 한꺼번에 한다.

* 공과금: 국가나 공공 단체가 국민에게 내게 하는 돈.

(1) 앞의 자료들을 바탕으로 '용돈을 아껴 쓰자'라는 주제의 논설문을 쓰려고 합니다. 아래 표를
    작성하세요.

서론		①
본론	실천 방법	②
		③
		④
결론		⑤

(2) 위 표에 쓴 내용을 바탕으로 논설문을 쓰세요.

8과 동화 독후감

① 동화 독후감이란?

동화는 '어린이들을 위해 지어낸 이야기'입니다. 다른 글과 마찬가지로, 동화에도 중심 생각이 있습니다. 이야기 속 인물들 사이에서 벌어지는 사건을 통해 중심 생각을 독자에게 전달합니다.

동화 독후감은, 동화를 읽고 난 뒤 기억에 남은 부분과 그 부분을 읽으며 든 느낌이나 생각을 정리해서 쓴 글입니다.

처음	책 소개
가운데	기억에 남은 부분 1 + 느낌이나 생각
	기억에 남은 부분 2 + 느낌이나 생각
	기억에 남은 부분 3 + 느낌이나 생각
끝	전체적인 느낌

여기서는 기억에 남은 부분을 세 개 쓰고 있습니다. 하지만 기억에 남은 부분을 두 개, 네 개 등 자유롭게 쓸 수 있습니다.

다음은 '달밤에 탄 스케이트'를 읽고 쓴 독후감입니다.

> '달밤에 탄 스케이트'를 읽고
>
> 전남 샛별 초등학교
>
> 6학년 1반 정현우
>
>
> 다리를 저는 민호가 친구들과 어울리기 위해 달밤에 스케이트를 연습하는 이야기다. 민호가 마음을 다치지 않도록 몰래 응원하는 아저씨의 시선으로 이야기가 펼쳐진다.

제목

학교

학년, 반, 이름

처음
(책 소개)

겨울 방학이 되자 친구들이 민호와 놀지 않았다. 다리가 불편하니 민호는 스케이트를 탈 수 없을 거라고 생각했기 때문이었다. 친구들은 배려해서 민호에게 스케이트를 타겠냐고 물어보지 않았을 것이다. 하지만 한 번이라도 물어봤으면 어땠을까? 친하게 지내던 사이니까 조심스럽게 의견을 구했다면 민호도 불편하게 생각하지 않았을 것 같다.

가운데 ①
(기억에 남은 부분 ①
+
느낌이나 생각)

달밤에 혼자 스케이트를 연습하던 민호가 어느 날 나타나지 않았다. 조금만 더 연습하면 잘 탈 수 있을 정도까지 되었는데 나오지 않아 동수 아버지는 매우 섭섭했다. 나도 민호가 연습을 포기하는 줄 알고, 책을 읽다가 한숨을 쉬었다. 무엇이든 처음이 어렵지, 열심히 하다 보면 잘할 수 있게 되는데. 그래도 몸이 아파 못 나온 것이어서 다행이었다.

가운데 ②
(기억에 남은 부분 ②
+
느낌이나 생각)

달빛 아래에서 민호와 미선이가 함께 스케이트를 탔다. 아직은 서투른 민호를 미선이가 도와주었다. 동수 아버지의 눈에는 민호와 미선이가 달님에게 날아가는 것처럼 아름답게 보였다. 친구를 도와주는 모습, 친구와 어울리려고 노력하는 모습을 보며 동수 아버지는 무척 흐뭇했을 것 같다. 얼음판에 비친 달과 민호와 미선이의 모습을 보고, 민호와 미선이가 달님에게 날아간다고 나타낸 작가의 표현력이 대단하다.

가운데 ③
(기억에 남은 부분 ③
+
느낌이나 생각)

우리 반에도 몸이 불편한 친구가 있다. 나도 이 책의 동수나 미선이처럼, '그 친구는 못하겠지' 라고 생각해서 같이 놀자고 하지 않은 적이 여러 번 있다. 앞으로는 그런 편견을 버리고 다른 친구들과 똑같이 대하겠다.

끝
(전체적인 느낌)

2 처음 부분과 끝 부분 쓰기

(1) 처음 부분 - 책을 소개합니다.

다리를 저는 민호가 친구들과 어울리기 위해 달밤에 스케이트를 연습하는 이야기다. 민호가 마음을 다치지 않도록 몰래 응원하는 아저씨의 시선으로 이야기가 펼쳐진다.

이 책의 주인공은 부모님과 셋이서 사는 서진이다. 부모님께서 맞벌이를 하시기 때문에 서진이는 혼자 있는 시간이 많다. 평소에는 혼자서도 잘 먹고 잘 놀지만, 사실은 외로움을 많이 느낀다. 그리고 그 외로움을 잊기 위해 주변의 고민을 스스로 떠안고 살아간다.

작가 '오 헨리'는 많은 단편 소설을 남겼다. 주로 미국에 사는 서민, 빈민의 삶을 생생하게 표현하였다. <마지막 잎새>에도 뉴욕의 가난한 화가 존시, 수, 그리고 베어먼 씨의 모습을 나타내었다. 이 소설 마지막 부분에는 반전을 넣어 독자의 흥미를 끈다.

(2) 끝 부분 – 책 전체에 대한 느낌이나 생각을 적습니다.

우리 반에도 몸이 불편한 친구가 있다. 나도 이 책의 동수나 미선이 처럼, '그 친구는 못하겠지'라고 생각해서 같이 놀자고 하지 않은 적이 여러 번 있다. 앞으로는 그런 편견을 버리고 다른 친구들과 똑같이 대하겠다.

서진이와 나는 처지가 비슷하다. 그래서 이 책을 읽으며 크게 공감하였다. 부모님은 나를 위해 회사와 집에서 열심히 일하신다. 나도 그걸 알지만 외로움을 느낄 수밖에 없다. 세상의 부모님들이 이 책을 읽으시면 좋겠다. 그래서 밖에서의 일을 줄이시고 자식들과 있는 시간을 늘려 주시면 좋겠다.

베어먼 씨는 걸작을 그리는 것이 꿈이라고 말했다. 나는 베어먼 씨가 그린 잎새야말로 최고 걸작이라고 생각한다. 한 사람의 생명을 살린 그림이기 때문이다. 이 책을 읽고 따뜻함을 느꼈다. 생명을 존중하고 타인을 위하는 마음을 느낄 수 있어 감동도 받았다. 요즘처럼 인정이 없어진 사회에서 꼭 읽어야 할 책이라고 생각한다.

3 엄마새

엄마새

– 손수자

동생을 갖겠다고요?

안 돼요, 안 돼!

내가 정말 동생이 필요한 때는 다섯 살 때였어요.

엄마는 날 보고 무엇이든지 잘 한다고 칭찬했지요.

혼자서도 잘 먹고, 잘 놀고, 세상에서 제일 착한 아이라고요.

하지만, 내가 그때 얼마나 외로웠는지 엄마는 모를 거예요.

엄마가 사 주신 많은 인형을 보듬고 말을 걸고 또 해봐도 늘 혼자였어요.

얼마나 많이 울었는지 알기나 해요?

그때, 내 간절한 소원은 동생을 보는 것이었지요.

하지만, 지금은 아니에요, 아니랍니다.

생각할 것도 넘치고, 내 할 일이 얼마나 많은지 아시면서 그래요.

학교에서 돌아오면 집을 봐야죠. 전화가 오면 받아서 적당히 대답도 해야지요.

그뿐인가요? 아빠가 들어오시면 양말도 벗고 씻으라는 소리도 내가 해야죠. 엄마
가 어질러 놓은 화장대까지 치워야 하는 걸 모르세요?

그런데 동생까지 생기면 난 어떡하라고요!

나한테 맡기고 엄마는 길고양이처럼 또 밖으로 나가려고요.

생각만 해도 가슴이 두근거리고 답답하기만 한걸요. 아니, 뜨겁기까지 하다고요.

오늘은 참을 수 없어 선생님께 갔어요.

"선생님, 가슴이 답답하고 뜨거워요."

"뭐, 가슴이 뜨겁다고?"

"네, 한 번 만져보세요."

난 선생님 한 손을 내 가슴 가운데로 가져가 딱 붙였어요.

고개를 갸웃거린 선생님은 말씀하셨어요.

"세상 걱정을 네가 다 해서 그렇지."

빙그레 웃으시던 선생님은 물파스를 가져와 내 가슴에 쓱쓱 발라주는 것이 아니겠어요.

물파스는 벌레가 물렸거나 멍이 들었을 때 바르는 것인데 말이에요.

어쩜 선생님은 내 가슴에 든 멍을 잘 아시는 듯했어요.

정말 이상하게도 선생님께서 발라주는 물파스 때문에 조금 시원해지기는 했어요.

"제발, 서진아! 운동장으로 나가서 좀 뛰어놀아라."

선생님은 책을 정리하면서 턱으로 운동장을 가리켰어요.

늘 창 쪽에서 서성거리는 나를 보곤 말씀하시지요. 난 고개만 까닥하고 또 뒤편 창가로 갔어요.

이름 모를 새가 동백나무 가지에 앉아서 날 반기듯 노래를 불렀어요.

창턱에 턱을 괴고 가만히 생각했어요.

친구들은 그걸 간섭이 심하다고 하죠. 사람들은 걱정도 팔자라고 하고요.

우리 엄마는 내가 너무 착해서 그렇대요.

공부 못하는 아이가 있으면 그 아이에게 자꾸 신경이 쓰여요.

혹시 선생님께 혼나면 어쩌나? 빨리 내 것을 다하고 가르쳐 주지요.

집으로 들어오는 길, 아파트 경비실이 보이면 아저씨는 아파트도 지키지 않고 콜콜 졸고 있지요.

"아저씨!"

나는 작은 창문을 똑똑 두드리며 불러요.

아저씨는 나를 보자마자 깜짝 놀라며 신문을 거꾸로 들고 눈을 크게 뜨셔요.

"어, 잠깐 눈을 감고 생각해 보라는 기사가 있어서 말이다."

방긋 웃으며 말해요.

"나쁜 사람이 들락거리면 어떡하려고 그러세요. 눈 크게 뜨고 잘 지키세요."

"그래, 알았어, 어서 올라가 봐."

들어가라는 손짓을 몇 번이나 하면서 아저씨는 입맛을 쭉쭉 다시기도 해요.

엘리베이터를 타고 1004호 우리 집 앞에 "딩동" 소리와 함께 내려요.

집 안으로 들어오면 우선 신발을 바르게 현관 쪽으로 향하게 놓아요.

급히 나가신 엄마의 신발도 짝을 맞추고는 방마다 한 번씩 훑어보아요. 아무런 이상이 없으면 화장실로 가지요.

"휴!"

내가 보아도 내 얼굴에는 온통 먼지보다 걱정들이 달아 붙어 있는 것 같아요. 비누에 물을 묻히고는 두 손으로 거품을 만들어 보득보득 씻어요. 손바닥, 손등, 손가락 사이사이, 몇 번을 헹궈도 걱정은 좀처럼 사라지지 않아요.

수건으로 꼭꼭 닦고는 내 방으로 들어와 숙제부터 해요. 내일 시간표를 보면서 준비물과 가방을 미리 챙겨서 현관 앞에 두고요.

냉장고 문을 열고는 엄마가 늦게 오시면 먹을 저녁까지 챙겨 놓아요.

"띠리리리링, 띠리리리링!"

"미안, 엄마 늦어진다. 저녁 잘 챙겨 먹고."

우리 엄마는 늘 이런 식이에요.

아빠까지 함께 늦다고 하면서 연신 미안하다는 말을 서너 번도 더 했어요.

* 달아 붙어: '달라붙어'의 방언.

내가 심심하다고, 혼자서는 안 되어 보인다고, 아기를 하나 낳아준다고요. 마치 인심 쓰듯이 말이에요.

차라리 새 한 마리를 기르겠어요.

우리 교실 앞 동백나무 숲에 언제나 찾아오는 새가 있어요.

가슴이 답답해서 창밖으로 고개를 내밀면 날 반겨주듯 노래하지요. 그러면 답답하던 마음이 입안의 아이스크림처럼 녹아내려요.

내가 돌보지 않아도 내 마음속에 들어와 노래하는 새 한 마리 키우고 싶어요. 답답하고 뜨거운 내 가슴을 쓰다듬어주는 새 말이에요.

어제 오후였어요.

수업을 마치고 집으로 돌아가는 길이었지요.

우리 교실 앞 동백나무 발밑에 아저씨들이 와서 동그랗게 구멍을 파고 있었지요.

"왜요? 아저씨!"

"숲이 짙어 교실을 가려서 다른 곳으로 옮기는 거란다."

"그럼 새들도 이사 가겠네."

중얼거리며 교문 밖으로 나오면서 전학 간 친구가 떠나듯 아쉬웠어요.

저녁을 먹고 나서 엄마한테 졸랐지요.

"엄마, 나 새 한 마리만 사 줘."

"갑자기, 웬 새?"

동그랗게 눈을 뜬 엄마는 설거지하면서 놀리듯 말했어요.

"동생은 싫고, 새를 키우고 싶다고?"

"응, 작은 새 한 마리면 돼."

"세상에서 제일 착한 우리 서진이 부탁이지만 그건 안 돼."

"왜?"

"새는 날아야 하고 물고기는 헤엄쳐야 해, 그런 걸 아파트에 가두어 기른다고?"

연신 발밑에 떨어진 물기를 걸레질하며 엄마가 달래듯 말했어요.

"새장 속에 있는 새는 이미 새가 아니야, 장난감이지."

"치."

나는 쿵쿵 발소리를 내면서 내 방으로 들어왔어요.

엄마가 행주로 손을 닦으며 뒤따라왔어요.

"네가 동생을 갖고 싶은 것이 장난감이 아니듯 말이야."

내가 다섯 살 때 동생이 필요했던 것은 말을 하고 싶었기 때문이에요. 혼자서 아무리 많은 말을 해도 인형은 한 마디도 거들지 않았어요. 엄마는 그렇게 떨어지기 싫어하는 나를 두고 동동거리며 나가야만 했지요.

"새 한 마리만 있으면 외롭지 않겠어."

"외롭다고, 우리 서진이가?"

"그래, 난 다섯 살 때부터 외로웠다고."

엄마는 그 자리에 털썩 주저앉아 날 뚫어지게 바라보았어요.

"씩씩하고 빈틈없는 네가 외로웠구나. 아."

엄마는 약간 어지러운 듯 이마에 손을 얹고 고개를 숙였어요.

난 어릴 적부터 말 잘 듣는 아이, 착한 아이가 되어야 했어요. 남의 일에 간섭하고 상관하는 것은 어쩜 외로움을 잊기 위한 몸부림인지도 몰라요.

엄마의 눈 안에 그렁그렁 물이 고였어요.

"아니야, 엄마! 새는 필요 없어, 이사하긴 했어도 학교에 가면 만날 수 있으니까."

난 또 엄마가 걱정스러워요.

내가 보듬어야 할 가장 가까운 새는 엄마니까요.

엄마는 숨이 턱턱 막히도록 나를 껴안고 놓아주지 않았어요.

나도 이사 간 새가 다시 찾아온 것처럼 엄마 등을 가만히 쓸어 주었어요.

〈엄마새〉를 보고 '기억에 남은 부분'과 '느낌이나 생각'을 쓰세요.

(1)

기억에 남은 부분	서진이는 동생이 필요없다고 했다. 다섯 살 때의 간절한 소원은 동생을 보는 것이었지만 지금은 아니라고도 했다. 학교와 집에서 신경 쓸 일도, 할 일도 많아 동생까지 생기면 안 된다는 것이다.
느낌이나 생각	서진이는 지금이야말로 동생이 정말 필요하다고 부르짖는 것 같았다. 너무 외롭기 때문에 이것저것 신경을 쓰는 것일 뿐, 동생이 있으면 좋겠다는 말을 반대로 하고 있다고 생각했다. 이 마음이 서진이 어머니께 제대로 전달되지 않는 것 같아 무척 아쉬웠다.

(2)

기억에 남은 부분	서진이는 가슴이 답답하고 뜨겁다며 선생님을 찾아갔다. 선생님은 서진이의 가슴을 만져 보고는 물파스를 발라 주셨다. 그런데 이상하게도 진짜로 가슴이 조금 시원해졌다.
느낌이나 생각	처음에는 말도 안 되는 일이라고 생각했다. 하지만 다시 생각해 보니, 선생님께서 서진이의 마음을 잘 아시는 것 같았다. 이것저것 고민을 많이 하고 일을 잘하려고 하는 성격을 아시고는, 걱정을 줄이고 나가서 뛰어놀라고 하신 것 같다.

(3)

기억에 남은 부분	집으로 들어오는 길에, 서진이는 졸고 계시는 경비실 아저씨를 깨우고 말을 걸었다. 나쁜 사람이 들락거리면 안 되니 눈을 크게 뜨고 잘 지키시라고 했다.
느낌이나 생각	우리 아파트 경비 아저씨는 정말 많은 일을 하신다. 주말에는 쓰레기 분류 배출을 관리하시고, 평소에는 아파트 안에 떨어진 쓰레기를 치우신다. 그리고 택배도 대신 받아 주신다. 이렇게 힘든 일을 하셔서 조금 졸고 계시던 건데 서진이가 너무하는 것 같았다. 아저씨가 안쓰럽게 느껴졌다.

(4)

기억에 남은 부분	
느낌이나 생각	

(5)

기억에 남은 부분	
느낌이나 생각	

(6)

기억에 남은 부분	
느낌이나 생각	

(7)

기억에 남은 부분	
느낌이나 생각	

(8)

기억에 남은 부분	
느낌이나 생각	

4 동화 독후감 쓰기

다음은 〈엄마새〉를 읽고 쓴 독후감입니다.

'엄마새'를 읽고 ┈┈ 제목

전북 다도 초등학교 ┈┈ 학교

6학년 1반 이우진 ┈┈ 학년, 반, 이름

이 책의 주인공은 부모님과 셋이서 사는 서진이다. 부모님께서 맞벌이를 하시기 때문에 서진이는 혼자 있는 시간이 많다. 평소에는 혼자서도 잘 먹고 잘 놀지만, 사실은 외로움을 많이 느낀다. 그리고 그 외로움을 잊기 위해 주변의 고민을 스스로 떠안고 살아간다.

┈┈ 처음 (책 소개)

서진이는 동생이 필요없다고 했다. 다섯 살 때의 간절한 소원은 동생을 보는 것이었지만 지금은 아니라고도 했다. 학교와 집에서 신경 쓸 일도, 할 일도 많아 동생까지 생기면 안 된다는 것이다. 하지만 서진이는 지금이야말로 동생이 정말 필요하다고 부르짖는 것 같았다. 너무 외롭기 때문에 이것저것 신경을 쓰는 것일 뿐, 동생이 있으면 좋겠다는 말을 반대로 하고 있다고 생각했다. 이 마음이 서진이 어머니에게 전달되지 않는 것 같아 무척 아쉬웠다.

┈┈ 가운데 ① (기억에 남은 부분 ① + 느낌이나 생각)

서진이는 가슴이 답답하고 뜨겁다며 선생님을 찾아갔다. 선생님은 서진이의 가슴을 만져 보고는 물파스를 발라 주셨다. 그런데 이상하게도 진짜로 가슴이 조금 시원해졌다. 처음에는 말도 안 되는 일이라고 생각했다. 하지만 다시 생각해 보니, 선생님께서 서진이의 마음을 잘 아시는 것 같았다. 이것저것 고민을 많이 하고 자신의 일을 잘하려고 하는 성격을 아시고는, 걱정을 줄이고 나가서 뛰어놀라고 하신 것 같다.

가운데 ②
(기억에 남은 부분 ② + 느낌이나 생각)

집으로 들어오는 길에, 서진이는 졸고 계시는 경비 아저씨를 깨우고 말을 걸었다. 나쁜 사람이 들락거리면 안 되니 눈을 크게 뜨고 잘 지키시라고 했다. 우리 아파트 경비 아저씨는 정말 많은 일을 하신다. 주말에는 쓰레기 분류 배출을 관리하시고, 평소에는 아파트 안에 떨어진 쓰레기도 치우신다. 그리고 택배도 대신 받아 주신다. 이렇게 힘든 일을 하셔서 조금 졸고 계시던 건데 서진이가 너무 하는 것 같았다. 아저씨가 안쓰럽게 느껴졌다.

가운데 ③
(기억에 남은 부분 ③ + 느낌이나 생각)

서진이와 나는 처지가 비슷하다. 그래서 이 책을 읽으며 크게 공감하였다. 부모님은 나를 위해 회사와 집에서 열심히 일하신다. 나도 그걸 알지만 외로움을 느낄 수밖에 없다. 세상의 부모님들이 이 책을 읽으시면 좋겠다. 그래서 밖에서의 일을 줄이시고 자식들과 있는 시간을 늘려 주시면 좋겠다.

끝
(전체 감상)

(1) 110~112쪽에 적은 내용 가운데 세 개를 넣어 〈엄마새〉로 독후감을 쓰세요.

9과 인물 이야기 독후감

1 처음 부분과 끝 부분 쓰기

(1) 처음 부분 - 인물을 소개합니다.

현재는 너무도 당연한 사실로 받아들이지만, 옛날에는 지구가 태양 주위를 돈다는 말을 하는 것만으로도 벌을 받거나 목숨을 잃을 수 있었다. 그런 상황에서도 끊임없는 관찰과 연구로 지구가 돈다는 사실을 밝혀낸 과학자가 있다. 바로 갈릴레오 갈릴레이다.

김구는 우리나라의 대표 독립운동가다. 젊은 시절에는 불의를 참지 않고 사회를 바로잡고자 동학 농민 운동에 앞장섰다. 일제 강점기에는 우리나라의 광복을 위해, 광복 후에는 통일을 위해 삶을 바쳤다.

(2) 끝 부분 - 책 전체에 대한 느낌이나 생각을 적습니다.

갈릴레이는 가톨릭교회와 갈등을 겪으며 힘들어했다. 옛날에도 지금처럼 자신의 뜻을 자유롭게 밝힐 수 있었다면 과학은 훨씬 발전했을 것 같다. 또 지금의 평화 속에서 얼마나 더 훌륭한 과학 업적이 피어날지 기대된다.

어려운 상황에서도 우리나라의 독립을 위해 노력하신 모습이 내 마음을 울렸다. 독립을 맞이한 뒤에도 통일을 위해 애쓰셨다는 부분을 읽으며 진정한 애국심이 무엇인지 느꼈다. 우리나라가 얼른 통일되어 김구 선생님께서 하늘에서라도 크게 웃으시면 좋겠다.

'갈릴레이'를 읽고

경남 푸른 초등학교

6학년 1반 이우진

제목

학교

학년, 반,

이름

현재는 너무도 당연한 사실로 받아들이지만, 옛날에는 지구가 태양 주위를 돈다는 말을 하는 것만으로도 벌을 받거나 목숨을 잃을 수 있었다. 그런 상황에서도 끊임없는 관찰과 연구로 지구가 돈다는 사실을 밝혀낸 과학자가 있다. 바로 갈릴레오 갈릴레이다.

처음

(인물 소개)

갈릴레이는 성능 좋은 망원경을 만들어 밤하늘을 바라보았다. 그러면서 달이 울퉁불퉁하다는 것을 알아내었고, 은하수의 정체를 밝혔으며, 목성의 위성과 토성의 띠를 발견하였다. 지금은 우리가 당연하다고 생각하는 것들이 갈릴레이의 끊임없는 연구와 관찰의 결과라는 것이 놀라웠다. 지금처럼 과학과 기술이 발달한 때가 아니었는데도, 성능 좋은 망원경을 만들어 천체를 관찰하고 자신의 이론을 증명했다는 점에서 갈릴레이가 대단하게 느껴졌다.

가운데 ①

(기억에 남은

부분 ① +

느낌이나 생각)

갈릴레이의 과학적 의견이 자신들이 믿는 종교의 가르침과 다르다는 이유로, 가톨릭교회는 갈릴레이에게 벌을 내렸다. 또 자신들의 종교와 다른 의견을 담은 책을 내거나 그런 내용을 학생들에게 가르치지 못하게 하였다. 당

가운데 ②

(기억에 남은

부분 ② +

느낌이나 생각)

시 종교인들이 어리석고 폭력적이라고 생각했다. 갈릴레이가 얘기했듯이 종교와 과학은 별개다. 그런데 자신들의 종교와 의견이 다르다고 해서 과학자를 불러 재판하고 벌을 내린 것은 폭력이라고 생각한다.

가운데 ②

종교 재판을 받을 때, 갈릴레이는 자신의 뜻과 어긋나는 말을 하고 위기에서 벗어났다. 또 코페르니쿠스의 우주관을 따르거나 가르치지 않겠다고 약속하고는 그 이론을 담아 책을 출간하였다. 하지만 과학자는 자신의 이론을 주장할 뚝심이 있어야 한다고 생각한다. 재판장에서는 벌을 받지 않으려고 거짓말하고 뒤돌아서서는 다시 자신의 뜻을 주장하는 모습이 비겁해 보였다. 자신과 같은 뜻을 지닌 사람들을 모아 위기를 정면으로 돌파했으면 더 멋있었을 것 같았다.

가운데 ③
(기억에 남은 부분 ③ + 느낌이나 생각)

갈릴레이는 가톨릭교회와 갈등을 겪으며 힘들어했다. 옛날에도 지금처럼 자신의 뜻을 자유롭게 밝힐 수 있었다면 과학은 훨씬 발전했을 것 같다. 또 지금의 평화 속에서 얼마나 더 훌륭한 과학 업적이 피어날지 기대된다.

끝
(전체 감상)

* 코페르니쿠스: 폴란드의 천문학자. 지동설(지구가 자전하면서 태양의 주위를 돈다는 학설)을 주장했다.

2 김구

 다음 글을 읽고 기억에 남은 부분과 그 부분을 읽으며 든 느낌이나 생각을 쓰세요.

김구

김구는 일제 강점기에 우리나라의 독립을 위해 힘쓴 애국지사다. 우리나라에서 독립운동을 하기 어렵게 되자 중국으로 건너가 대한민국 임시 정부에 참여했다. 그뿐 아니라 신민회, 한인 애국단 같은 단체에서 큰 역할을 하며 우리나라의 독립운동을 이끌었다.

김구는 1876년 황해도에서 태어났다. 김구의 어릴 적 이름은 '창암'이었다. 김구는 어려서부터 덩치가 또래보다 컸다. 하지만 네 살 때, 천연두를 심하게 앓아 흉터가 얼굴에 남았다. 집안은 무척 가난했지만 김구는 성격이 밝아 친구와 식구들에게 장난을 치며 즐겁게 지냈다.

그러던 어느 날, 정신을 차리고는 글공부를 하고 싶다고 부모님께 부탁했다. 김구 아버지는, 어려운 형편에도 이웃 어른을 집으로 모셔 글을 가르치게 했다.

시간이 흐른 어느 날, 김구가 살던 해주에서 과거가 열렸다. 김구도 과거를 보았지만 급제할 수는 없었다. 돈으로 벼슬을 사고팔던 시기였기 때문이었다.

* 애국지사: 나라를 위해 자기 몸과 마음을 다 바쳐 일한 사람.
* 임시 정부: 1919년 4월에 중국 상하이에서 이승만, 김구 등을 중심으로 대한민국의 광복을 위하여 임시로 조직한 정부.
* 천연두: 열이 몹시 나고 온몸에 작은 종기가 생기는 전염병.
* 동학: 1800년대 중반에 탐관오리의 횡포와 외세의 침입에 저항하여, 세상과 백성을 구하려고 만든 민족 종교.

1893년, 잔뜩 실망한 김구는 동학에 대한 소문을 듣고 그것을 배우기 위해 길을 나섰다. 동학도들은 양반과 평민을 차별하지 않고 모두가 평등하게 사는 세상을 만들고자 했다. 그리고 동학으로 세상을 바꿀 수 있다는 확신을 김구에게 심어 주었다.

김구는 이름을 '창수'로 고치고 동학에 더욱 심취했다. 동학에 들어간 지 1년 만에 동학 내에서 이름을 알리며, 김구가 살던 마을의 '접주(한 마을의 동학 우두머리)'에까지 올랐다.

그때쯤, 동학도들은 새 세상을 만들기 위해 '동학 농민 운동'을 일으켰다. 차별받는 세상에 화가 난 사람들이 거리로 뛰어나와 동학 농민 운동에 참여했다.

김구는 동학군을 이끌고 해주성을 공격했다. 하지만 제대로 훈련이 되어 있지 않던 탓에 크게 지고 말았다. 김구는 도망자 신세가 되어 여기저기 숨어 다녀야 했다.

김구는 나라를 바로 세우기 위한 방법을 찾기 위해 청나라로 길을 나섰다. 그 길에 대동강의 치하포라는 곳에서 잠시 머물 때였다. 김구는 허리에 칼을 찬 채 조선인인 척 위장하고 다니는 일본인을 보고 분노를 느꼈다. 1년 전, 일본 군인들이 경복궁에 침입하여 명성 왕후를 살해한 사건이 떠올랐기 때문이다.

'조선의 왕비를 죽인 일본놈들이 우리나라를 저리 당당하게 돌아다니다니. 내가 저놈을 죽여 이 나라의 치욕을 갚겠다.'

김구는 달려들어 그 일본인을 제압했다. 칼을 빼 들려는 일본인에게서 칼을 빼앗고는 얼굴을 주먹으로 내리쳤다. 그런 뒤 빼앗은 칼로 일본인의 목을 베었다.

몇 달이 지나, 일본군 30여 명이 김구의 집에 들이닥쳤다.

"김창수가 누구냐?"

김구는 일본군이 왜 집에 오는지 알았기 때문에 당당히 맞섰다. 일본인들이 조선에 저지른 짓에 비하면 자신이 한 일은 아무것도 아니라고 생각했다. 하지만 김구에

* 동학도: 동학을 믿고 따르는 사람들.
* 치욕: 부끄러움.

게는 사형이 내려졌다. 김구는 당당했지만 슬퍼하는 어머니를 보니 가슴이 아팠다.

시간이 흘러 김구의 사형일이 되었다. 그런데 기적 같은 일이 벌어졌다. 김구의 이야기를 들은 고종이 사형을 막은 것이다. 하지만 감옥에는 계속 갇혀 있어야 했다.

김구는 그렇게 세월을 보내고 있을 수는 없다고 생각했다. 그래서 감옥에 들어간 지 2년 만에 탈옥하여 다시 세상에 나왔다.

하지만 일본 경찰에 쫓기며 지낼 수밖에 없었다. 김구는 충청남도 공주의 어느 절에 들어가 한동안 스님이 되어 지냈다.

이듬해, 김구는 절에서 나와 세상을 떠돌았다. 하지만 이름을 그대로 사용하면 일본 경찰에 계속 쫓겨야 했기 때문에 '거북이'라는 뜻의 '구(龜)'를 넣어 '김구'로 바꾸었다.

김구는 고향으로 돌아와 서당에서 훈장으로 일했다. 하지만 그런 교육으로는 일본을 이길 수 없다고 생각해 서양식 교육을 받아들이자고 주장했다. 또 교육에 투자하라고 부자들을 설득했다. 한 사람이라도 더 깨우치게 해 인재를 길러 내는 것이 중요하다고 생각했다.

그즈음, 일본과 우리나라는 '을사조약(일본이 한국의 외교권을 빼앗기 위해 강제로 맺은 조약)'을 강제로 맺었다. 김구는 사람들과 함께 을사조약을 반대하는 시위에 참가하였다.

1907년에는 신민회에 가입하였다. 신민회는 교육을 통해 인재를 기르고, 해외에서 독립군을 키우던 단체였다.

얼마 지나 김구는 깜짝 놀랄 이야기를 들었다.

"안중근이 일본 정치가 이토 히로부미를 저격했다."

안중근은 동학 농민 운동 도중에 관군에 쫓기었을 때 김구를 도와주었던 안태훈의

* 탈옥: 죄수가 감옥에서 빠져나와 달아남.
* 외교권: 주권 국가로서 다른 나라와 정치·경제·문화적 관계를 맺을 수 있는 권리.

장남이었다. 김구는 우리 겨레를 위해 더욱 적극적으로 나서야겠다고 마음먹었다.

　이듬해에는 안중근의 사촌 동생 안명근이 독립운동 자금을 모금하다가 일본 경찰에 잡히는 일이 벌어졌다. 일본은 조선 총독을 암살하기 위한 자금을 모금한 것이라고 꾸며 신민회 회원을 포함한 조선인들을 마구 잡아들였다.

　서대문 형무소에 갇혀 모진 고문을 받으면서 김구는 마지막으로 이름을 바꾸었다. '김구', 바꾸기 전 이름과 발음은 똑같지만 '아홉(九)'이라는 뜻이었다. 그리고 자신의 호를 '백범'이라고 지었다. '백범'은 '가장 낮고 평범한 사람'이라는 뜻으로, 가장 낮은 위치에서 독립운동을 해 나가겠다는 의지를 담은 것이었다. 드디어 1915년, 수감 3년 만에 김구는 세상에 나왔다. 수많은 사람이 김구를 환영하였다.

　1919년, 3·1 운동이 일어났다. 그 뒤로 일본의 감시가 심해져 김구는 중국으로 떠났다. 상하이에 도착하여, 독립운동가들과 함께 임시 정부를 만드는 일에 참여했다. 김구는 경무국장(현재의 경찰청장)을 맡아 경찰을 이끌고 일본에게 정보를 제공하는 사람들을 찾아냈다. 1926년에는 임시 정부의 우두머리인 국무령 자리에 올라 임시 정부를 관리했다.

　1931년에는 일본의 주요 인물과 핵심 기관을 습격하기 위해 한인 애국단을 만들었다. 한인 애국단 소속 이봉창과 윤봉길은 일본 왕을 죽이기 위해 폭탄을 던졌지만 아쉽게 실패했다. 하지만 주변 국가에 우리나라의 독립 의지를 보여 주었다. 김구는 성명서를 발표해 이 두 사건 모두 자신의 계획이었다고 알렸다. 그러자 일본 경찰은 큰돈을 내걸고 김구를 잡으려 했다.

　김구는 중국 정치가 장제스를 만나 일본을 무너뜨릴 계획을 논의했다. 그 당시는

* 관군: 고려·조선 시대에, 각 지방에서 일하던 군인.
* 조선 총독: 일본이 우리나라를 다스리기 위해 마련한 기관의 최고 직책.
* 암살: 몰래 사람을 죽임.
* 성명서: 정치적·사회적 단체나 그 책임자가 어떤 일에 대한 계획이나 의견을 널리 알리는 글.

일본이 중국까지 정복하려고 넘보던 때였기 때문이었다. 김구의 말을 들은 중국과 장제스는 임시 정부를 지원하였다.

또, 김구는 임시 정부의 힘을 키우고자, 중국에 나뉘어 있던 독립운동 단체들을 하나로 모으려고 노력했다. 마침내 각 단체의 대표들이 모여 회의를 열었다. 하지만 이를 반대하던 사람이 그 자리에 찾아와 김구에게 총을 쏘았다. 김구는 총을 맞고 죽을 고비를 맞았지만 조국의 독립을 생각하며 한 달 만에 자리를 털고 일어났다.

1940년에 김구는 대한민국 임시 정부의 주석이 되었다. 또 한국광복군을 창설하여 군대를 철저히 훈련하였다. 이듬해에는 일본에 선전 포고를 한 뒤 낙하산 부대를 만들어 우리나라로 침투하려 했다.

1943년, 미국, 영국, 중국의 정상이 이집트 카이로에서 모여, 전쟁 후 일본 처리 문제에 대해 논의했다. 김구와 임시 정부 임원들의 노력으로, 우리나라는 그 회의에서 독립을 약속받았다.

임시 정부가 우리나라에 광복군을 보내려고 준비하고 있을 무렵, 미국은 일본의 히로시마와 나가사키에 원자 폭탄을 떨어뜨렸다. 며칠 뒤인 1945년 8월 15일, 일본은 항복하였다. 우리나라는 광복을 맞이했지만 김구는 기뻐하지 않았다. 우리의 힘으로 이룬 결과가 아니었기 때문이었다.

또 갑자기 해방을 맞다 보니 문제가 생겼다. 한반도를 둘로 나누어, 북한은 소련이, 남한은 미국 군대가 다스리게 되었다. 그리고 미국은 임시 정부를 우리나라의 정부로 인정하지 않았다. 김구를 비롯한 임시 정부 임원들은 아쉬움을 안고 고국으로 향했다.

우리나라에 도착한 김구는 남과 북으로 분열된 정치 세력을 하나로 모으기 위해 국내 여러 정당의 대표를 만나 논의했다. 그러면서 미국 군대의 통치에 대한 반대

* 주석: 일부 국가에서, 국가나 정당의 우두머리.
* 광복군: 일제 강점기에, 중국에서 우리나라의 독립을 위해 일본과 싸우던 군대.
* 소련: 유럽과 아시아 북부에 있던 나라. 러시아, 우크라이나 등으로 이루어졌었다.

운동을 시작했다.

그러던 가운데 이승만을 비롯한 몇몇 정치가는 남한만의 정부를 세우자고 주장했다. 마침내 1948년에 남한만의 단독 정부를 세우기 위한 총선거를 치르기로 결정하였다. 하지만 김구는 남과 북으로 나뉘지 않은 통일 국가를 세워야 한다고 주장했다. 그리고 김일성 등 북쪽 지도자를 만나기 위해 평양으로 떠났다. 김구 등 남쪽 정치가들은, 그 자리에서 미국과 소련의 군대를 내보내고 남북이 싸우지 않을 것, 서로 따로 단독 정부를 세우지 않을 것을 합의했다.

하지만 1948년에 예정대로 남한만의 총선거가 치러졌다. 그 뒤, 남한의 이름을 '대한민국'으로 정하고 헌법을 발표했다.

대한민국의 초대 대통령은 이승만이 되었다. 이승만은 김구를 존경하고 지지하는 사람이 상당히 많다는 사실을 알아 김구에게 정부를 도와달라고 요청했다. 하지만 김구는 반쪽짜리 나라의 정부에서는 일하지 않겠다는 뜻을 밝혔다. 하지만 남한이 정부를 세운 지 한 달도 안 되어 북한도 단독으로 정부를 세웠다.

1949년 6월 26일, 안두희라는 군인이 김구를 찾아왔다. 안두희는 김구를 보자 총을 꺼내 들었다. 총소리가 네 번 울렸다.

열흘 뒤, 김구의 장례식이 치러졌다.

1962년, 서울 남산에 공원을 만들어 김구 동상을 세우고 '백범 광장'이라는 이름을 지어 붙였다. 2002년에는 서울 효창공원 안에 백범 기념관도 건립하였다.

이처럼 우리나라 독립운동과 민족 운동에 있어 절대 빼놓을 수 없는 인물로 많은 사람이 김구를 우러르고 있다.

* 우러르고: 마음속으로 공경하여 떠받들고.

---

(1)

기억에 남은 부분	김구는 이름을 여러 번 바꾸었다. 어릴 적 이름은 '창암'이었다. 동학에서 사회 운동을 할 때에는 '창수'로, 탈옥한 뒤에는 거북이라는 뜻의 '구'로, 서대문 형무소에 있을 때에는 아홉이라는 뜻의 '구'로 바꾸었다.
느낌이나 생각	김구가 평생토록 얼마나 힘들게 살았을지 짐작할 수 있었다. 잡히면 목숨을 잃을 수도 있을 만큼 위험한 상황이라서 이름까지 바꾸며 활동한 것 같다. 하지만 그런 상황에서도 지치거나 포기하지 않고 우리나라의 독립을 이끈 것이 대단하다고 생각한다.

(2)

기억에 남은 부분	어느 날, 김구는 정신을 차리고 부모님께 글공부를 하고 싶다고 부탁했다. 김구의 아버지는 이웃 어른을 집으로 모셔 김구를 가르쳤다. 김구는 열심히 공부하여 과거를 보았지만 급제할 수 없었다. 사람들이 돈으로 벼슬을 사고팔던 시기였기 때문이다.
느낌이나 생각	과거에 급제하지 못한 사실만 보면 안타까운 일일 수도 있다. 하지만 나는 오히려 잘된 일이라고 생각한다. 그때 과거에 급제했더라면 위대한 독립운동가 김구를 만나지 못했을 거라 생각하기 때문이다. 우리나라로서는 김구가 과거에 떨어진 것이 참 다행이라고 생각한다.

(3)

기억에 남은 부분	김구는 청나라로 가는 길에 대동강의 치하포라는 곳에서 잠시 머물렀다. 그런데 그곳에서 허리에 칼을 찬 채 조선 사람으로 위장한 일본인을 만났다. 그때, 일본 군인들이 조선의 왕비를 죽인 일이 떠올라 김구도 그 일본인을 죽이고 말았다.
느낌이나 생각	

(4)

기억에 남은 부분	
느낌이나 생각	

(5)

기억에 남은 부분	
느낌이나 생각	

(6)

기억에 남은 부분	
느낌이나 생각	

(7)

기억에 남은 부분	
느낌이나 생각	

(8)

기억에 남은 부분	
느낌이나 생각	

'김구'를 읽고   제목

경남 맑은 초등학교   학교

6학년 4반 강아름   학년, 반, 이름

    김구는 우리나라의 대표 독립운동가다. 젊은 시절에는 불   처음
의를 참지 않고 사회를 바로잡고자 동학 농민 운동에 앞장섰   (인물 소개)
다. 일제 강점기에는 우리나라의 광복을 위해, 광복 후에는
통일을 위해 삶을 바쳤다.

    김구는 이름을 여러 번 바꾸었다. 어릴 적 이름은 '창암'이
었다. 동학에서 사회 운동을 할 때에는 '창수'로, 탈옥한 뒤에
는 거북이라는 뜻의 '구'로, 서대문 형무소에 있을 때에는 아   가운데 ①
홉이라는 뜻의 '구'로 바꾸었다. 김구가 평생토록 얼마나 힘   (기억에 남은 부분 ①
들게 살았을지 짐작할 수 있었다. 잡히면 목숨을 잃을 수도   + 느낌이나 생각)
있을 만큼 위험한 상황이라서 이름까지 바꾸며 활동한 것 같
다. 하지만 그런 상황에서도 지치거나 포기하지 않고 우리나
라의 독립을 이끈 것이 대단하다고 생각한다.

    어느 날, 김구는 정신을 차리고 부모님께 글공부를 하고 싶
다고 부탁했다. 김구의 아버지는 이웃 어른을 집으로 모셔   가운데 ②
김구를 가르쳤다. 김구는 열심히 공부하여 과거를 보았지만   (기억에 남은 부분 ②
급제는 할 수 없었다. 사람들이 돈으로 벼슬을 사고팔던 시   + 느낌이나 생각)
기였기 때문이다. 과거에 급제하지 못한 사실만 보면 안타까

운 일일 수도 있다. 하지만 나는 오히려 잘된 일이라고 생각한다. 그때 과거에 급제했더라면 위대한 독립운동가 김구를 만나지 못했을 거라 생각하기 때문이다. 우리나라로서는 김구가 과거에 떨어진 것이 참 다행이라고 생각한다.

가운데 ②

김구는 청나라로 가는 길에 대동강의 치하포라는 곳에서 잠시 머물렀다. 그런데 그곳에서 허리에 칼을 찬 채 조선 사람으로 위장한 일본인을 만났다. 그때, 일본 군인들이 조선의 왕비를 죽인 일이 떠올라 김구도 그 일본인을 죽이고 말았다. 죄가 있는지 없는지도 모르는 사람인데, 일본인이라는 이유만으로 사람을 죽인 것은 김구가 잘못한 일이다. 아무리 우리나라를 위해 독립운동을 한 사람이라도 사람을 함부로 죽여서는 안 된다. 게다가 죽은 일본인에게 미안해하지도 않은 모습을 보고 조금 실망했다.

가운데 ③
(기억에 남은 부분 ③
+ 느낌이나 생각)

어려운 상황에서도 우리나라의 독립을 위해 노력하신 모습이 내 마음을 울렸다. 독립을 맞이한 뒤에도 통일을 위해 애쓰셨다는 부분을 읽으며 진정한 애국심이 무엇인지 느꼈다. 우리나라가 얼른 통일되어 김구 선생님께서 하늘에서라도 크게 웃으시면 좋겠다.

끝
(전체 감상)

(1) 128쪽 ~ 130쪽의 (4) ~ (8) 가운데 3개를 골라 독후감을 쓰세요.

10과 과학 독후감

1. 처음 부분과 끝 부분 쓰기

2. 태양계 이야기

3. 과학 독후감 쓰기

1 처음 부분과 끝 부분 쓰기

(1) 처음 부분 – 책을 소개합니다.

> 우리 주변에는 수많은 생태계가 존재한다. 강이나 바다 같은 자연환경도, 어항이나 논밭 같은 인공 환경도 모두 생태계를 이루고 있다. 이 책은 생태계를 이루는 여러 요소를 알려 주고 있다. 또 그 요소들이 각자 역할을 하며 균형을 이루어야 건강한 생태계를 유지할 수 있다고 말한다.

> 태양계에는 지구 말고도 많은 행성이 있다. 지구와 비슷한 행성이 있는가 하면, 지구와는 너무 달라 생명체가 살 수 없는 곳들도 있다. 행성들은 저마다의 특징을 지니고 서로 영향을 주고받으며 존재한다.

(2) 끝 부분 – 책 전체에 대한 느낌이나 생각을 적습니다.

> 생태계에는 쓸모없는 존재는 없는 것 같다. 아주 작고 하찮다고 생각했던 것들도 생태계 안에서 아주 중요한 역할을 하고 있다는 것을 깨달았다. 인간은 생태계를 지키기 위해 주변 환경부터 대자연의 크고 작은 생물들까지 아끼고 사랑해야 한다.

> 전에는 태양계 행성이나 우주에 별로 관심이 없었다. 그런데 태양계에 내가 모르던 천체가 이렇게 많다는 걸 알게 되니 신기했다. 그리고 태양계의 행성들이 지구와 이렇게 다른 점이 있다는 사실을 알게 되니 우주의 다른 천체들도 더 알고 싶어졌다.

'재미있는 생태계'를 읽고

인천 갯벌 초등학교

6학년 4반 강아름

우리 주변에는 수많은 생태계가 존재한다. 강이나 바다 같은 자연환경도, 어항이나 논밭 같은 인공 환경도 모두 생태계를 이루고 있다. 이 책은 생태계를 이루는 여러 요소를 알려 주고 있다. 또 그 요소들이 각자 역할을 하며 균형을 이루어야 건강한 생태계를 유지할 수 있다고 말한다.

크고 작은 식물들, 땅과 하늘 위를 뛰고 날아다니는 동물들이 생태계를 이루고 있다. 그런데 이런 동식물 외에도 생태계를 이루는 요소가 더 있다. 동식물이 살고 있는 흙과 물, 생물에 에너지를 공급해 주는 햇빛, 숨을 쉴 수 있게 하는 공기 같은 '비생물 요소'도 생태계의 일부분이다. 나는 생태계를 생물들만의 세계라고 생각했었다. 그런데 생물뿐 아니라 '비생물 요소'도 생태계의 일부라고 하니 매우 놀라웠다. 비생물 요소도 환경 속에서 조화를 이루어야 생태계가 건강하게 유지되겠다는 생각이 들었다.

생태계의 요소 가운데, 스스로 양분을 생산하지 못해 다른 생물을 먹어 양분을 얻는 생물을 '소비자'라고 한다. 소비자는 어느 단계에서 생물을 잡아먹느냐에 따라 1차,

제목

학교
학년, 반, 이름

처음
(책 소개)

가운데 ①
(새로 알게 된
사실 ① +
느낌이나 생각)

가운데 ②

2차, 3차 소비자 등으로 나뉜다. 그런데 1차, 2차, 3차 소비자가 꼭 정해져 있지는 않다. 즉 소비자가 어떤 먹이를 먹느냐에 따라 소비자의 단계가 정해진다. 다람쥐 같은 작은 동물은 1차 소비자, 호랑이나 사자 같은 맹수들은 3차 소비자라고만 생각했었다. 그런데 소비자의 단계는 정해진 것이 아니었다. 생각해 보니, 사람도 쌀로 밥을 지어 먹으면 1차 소비자가 되고, 소나 양 같은 초식동물을 먹으면 2차 소비자, 육식동물을 먹으면 3차 소비자가 될 수 있었다. 소비자 단계에 대한 선입견을 깰 수 있어서 무척 흥미로웠다.

가운데 ②
(새로 알게 된 사실 ② +
느낌이나 생각)

　분해자는 생물의 사체나 배설물 등을 분해하여 양분을 얻는 생물이다. 분해자에는 세균이나 곰팡이처럼 작은 생물부터 버섯, 지렁이, 쇠똥구리 같은 큰 동식물도 있다. 별 필요 없어 보이는 세균이나 곰팡이가 생태계의 균형을 이루는 데에 없어서는 안 되는 존재라는 것을 알게 되어 재미있었다. 그리고 분해자라고 하면 세균처럼 작은 생물만 있다고 알고 있었는데 쇠똥구리나 독수리도 분해자라는 사실이 신기했다.

가운데 ③
(새로 알게 된 사실 ③ +
느낌이나 생각)

　생태계에는 쓸모없는 존재는 없는 것 같다. 아주 작고 하찮다고 생각했던 것들도 생태계 안에서 아주 중요한 역할을 하고 있다는 것을 깨달았다. 인간은 생태계를 지키기 위해 주변 환경부터 대자연의 크고 작은 생물들까지 아끼고 사랑해야 한다.

끝
(전체 감상)

태양계 이야기

 다음 글을 읽고 각 행성의 내용으로 빈칸을 채우세요.

태양계 이야기

"그래도 지구는 돈다."

갈릴레오 갈릴레이가 재판을 받고 나오며 했다고 전해지는 말이다. 그렇다. 지구는 돈다. 지구가 도는 것은 두 종류인데, 하나는 자전, 다른 하나는 공전이다. 자전은 말 그대로, 천체가 스스로 도는 것을 말한다. 공전이란 어떤 천체가 다른 천체의 둘레를 도는 일이다. 갈릴레이의 "그래도 지구는 돈다."라는 말은 공전을 뜻한다. 갈릴레이가 살던 시대에는 지구가 공전한다는 것은 말도 안 되는 소리였지만 지금은 너무도 당연한 말이다.

스스로 빛과 열을 내며, 한자리에 머물러 움직이지 않는 것처럼 보이는 천체를 '항성'이라고 한다. 지구에서 가장 가까운 항성은 태양이고, 지구는 그 태양 주위를 돌고 있다. 그런데 태양 둘레를 돌고 있는 것은 지구뿐이 아니다.

태양의 가장 가까이에서 돌고 있는 행성은 '수성'이다. 수성은 태양계 행성 가운데 크기가 가장 작다. 수성에는 공기가 없기 때문에 낮과 밤의 온도 차이가 무척 크다. 햇볕이 내리쬐는 곳은 420℃가 넘기도 하고 그러지 않는 곳은 영하 170℃ 이하까지도 떨어진다. 수성의 하루는 약 176일이나 되지만, 1년은 약 88일밖에 되지 않는다. 자전은 매우 느리지만, 공전은 상당히 빠르기 때문이다. 행성 주위를 도는 천체를 위성이라고 하는데, 수성에는 이 위성이 없다.

샛별이라고도 불리는 '금성'은 태양에서 두 번째로 가까운 행성이다. 지구와 가

---

* 천체: 우주에 존재하는 모든 물체.

장 가깝고 비슷한 점이 많아 옛날에는 생명체가 살고 있을지도 모른다고 생각했었다. 금성은 지구와 크기가 비슷하고 지구처럼 대기층이 존재한다. 하지만 대기의 대부분이 이산화탄소여서 온실 효과가 강하게 나타나 평균 온도가 약 460℃나 된다. 금성은 대기가 많아서 지구에서 태양과 달 다음으로 밝게 보인다. 금성의 가장 큰 특징은 자전이다. 금성과 천왕성을 제외한 태양계 행성들은 전부 지구와 같은 방향으로 자전한다. 그런데 금성과 천왕성은 그 반대 방향으로 돈다. 따라서 금성에서는 해가 서쪽에서 떠서 동쪽으로 지는 것처럼 보인다. 또 자전 속도가 매우 느려 하루가 약 117일이나 된다. 금성은 약 225일에 한 번 태양 둘레를 돈다. 금성에도 수성처럼 위성이 없다.

태양에서 세 번째로 가까운 행성은 우리가 살고 있는 '지구'다. 지구에는 대기와 액체 상태의 물이 있어 생명체가 존재할 수 있다. 수성, 금성과 달리, 지구에는 위성이 하나 있는데, 그것이 바로 달이다. 달은 지구 주위를 약 27일에 한 번 돈다. 태양과 달의 영향으로 지구의 바다는 밀물과 썰물 현상이 생긴다. 지구는 태양 둘레를 약 365일에 한 번 돌며, 약 24시간에 한 바퀴 자전한다. 태양에서 빛의 속도로 약 8분 20초 떨어진 거리에서 지구가 공전하고 있다. 즉 지금 보이는 태양은, 실제로는 약 8분 20초 전의 모습이다. 지구의 강력한 자기장은 태양풍으로부터 생명체를 지킨다.

'화성'은 금성 다음으로 지구에서 가까운 행성이다. 그래서 생명체가 살고 있을지, 사람도 가서 살 수 있을지 연구하고 있다. 화성은 태양계 행성 가운데 두 번째로 작아서 중력이 약하기 때문에 기체가 거의 없다. 게다가 물도 없어서 실제로는 보호 장비 없이는 사람이 살 수 없다. 또 대기층이 매우 얇기 때문에 온도 변화가 매우 심하다. 영하 140℃까지 떨어졌다가 영상 20℃까지 오르기도 한다. 화성에는 위성이 두 개 있다. 그 둘의 이름은 포보스와 데이모스다. 화성이 한 바

* 자기장: 자기력(자석이나 전류가 서로 끌어당기거나 미는 힘)이 미치는 공간.
* 태양풍: 태양이 내보내는 입자의 흐름.

퀴 자전하는 데에는 약 24간 37분, 태양 둘레를 한 바퀴 도는 데에는 약 687일이 걸린다. 지구가 파란색, 초록색으로 보이는 반면에 화성은 붉게 보인다.

목성은 태양계 행성 가운데 가장 크고 무겁다. 내부는 단단한 금속으로 이루어져 있지만 부피의 대부분을 차지하는 것은 기체다. 목성이 태양 둘레를 한 바퀴 도는 데에는 약 12년이 걸린다. 목성의 자전 주기는 약 9시간 55분으로 태양계 행성 가운데 가장 짧다. 목성은 자전 속도가 무척 빨라 대기가 띠를 이루어 움직인다. 또 '대적반'이라고 불리는 커다란 점이 있는데, 이것은 지구보다 훨씬 큰 폭풍이다. 고리가 있는 행성은 토성만 있다고 생각하기 쉽지만, 목성에도 얇은 고리가 있다. 작은 암석과 먼지가 고리를 이루어 목성 주위를 돌고 있다. 목성 주위를 도는 위성도 79개나 있다. 이 가운데 가니메데는 태양계의 위성 가운데 가장 크다.

'토성'은 크고 아름다운 고리로 유명한 행성이다. 토성의 고리는 돌덩어리와 얼음덩어리로 이루어져 있는데, 자세히 보면 여러 개로 나뉘어 있다. 여기서 고리 사이가 가장 벌어져 있는 곳을 '카시니 간극(틈)'이라고 부른다. 토성은 태양계 행성 가운데 목성 다음으로 크다. 자전하는 데에 걸리는 시간도 약 10시간 33분으로, 자전 속도가 목성에 이어 두 번째로 빠르다. 토성도 자전 속도가 빨라 목성처럼 표면에 줄무늬가 나타난다. 하지만 공전하는 데에는 약 30년이 걸린다. 토성은 태양계에서 위성을 가장 많이 거느린 행성이다. 위성이 82개나 된다. 그 가운데 가장 큰 것의 이름은 타이탄으로, 수성보다 크다. 목성의 위성인 가니메데에 이어 태양계에서 두 번째로 크다. '포에베'라는 위성은 다른 위성들과는 반대 방향으로 토성 주변을 돈다.

'천왕성'은 태양계에서 목성, 토성 다음으로 큰 행성이다. 대기가 푸른빛을 반사하여 청록색으로 보인다. 천왕성의 가장 큰 특징은, 자전축이 심하게 기울어져 있어 행성 자체가 옆으로 누워 있는 것처럼 보인다는 점이다. 천왕성에도 목성,

* 자전 주기: 천체가 한 바퀴 자전할 때 걸리는 시간.

토성처럼 고리가 있다. 하지만 토성의 고리처럼 진하지 않아 가늘고 어둡다. 금성과 더불어, 다른 행성들과는 반대 방향으로 자전한다. 자전에는 약 17시간, 공전에는 약 84년이 걸린다. 위성은 지금까지 27개 발견되었다.

태양계에서 가장 바깥에 있는 행성은 '해왕성'이다. 천왕성보다 조금 작지만 더 무겁다. 해왕성은 천왕성과 비슷한 점이 많다. 크기뿐 아니라, 대기의 구성 성분과 평균 온도까지 비슷하다. 그래서 해왕성도 푸른색으로 보인다. 하지만 해왕성은 기상 현상이 활발하게 일어나 크고 검은 점으로 보이는 폭풍이 자주 생긴다. 자전 시간도 천왕성과 비슷해 약 16시간이다. 공전은 약 164년에 한 번 한다. 목성, 토성, 천왕성과 마찬가지로 해왕성에도 고리가 있다. 위성은 14개다.

해왕성 궤도 밖에서 태양 주위를 도는 작은 천체들의 집합을 '카이퍼 벨트'라고 한다. 명왕성은 카이퍼 벨트에 속해 있다. 2006년, 국제 천문 연맹은 명왕성의 지위를 태양계 행성에서 왜행성으로 바꾸었다. 다른 행성들에 비해 크기도 너무 작고 중력도 약하기 때문이다. 태양계에는 왜행성보다 작은 '소행성'도 있다. 화성과 목성 사이에 매우 많이 존재하는데, 이것을 '소행성대'라고 한다. 이 밖에도 핼리 혜성을 비롯한 여러 혜성도 태양계에 존재한다.

항성 하나에 영향을 받는 여러 행성으로 이루어진 체계를 '행성계'라고 한다. 우주에는 태양계 같은 행성계가 셀 수 없이 많다. 그 많은 항성과 행성들을 연구하다 보면 언젠가 우주 생명체를 만날 수도 있지 않을까?

* 자전축: 천체가 자전할 때 회전의 중심.
* 왜행성: 태양계를 돌지만 궤도 주변의 다른 천체에 영향을 끼치지 못하는 천체. 구형에 가깝다.
* 소행성: 화성과 목성 사이의 궤도에서 태양의 둘레를 공전하는 작은 천체. 수가 무수히 많으며, 대부분 반지름이 50km 이하다.
* 혜성: 가스 상태의 빛나는 긴 꼬리를 끌고 태양을 중심으로 긴 타원이나 포물선에 가까운 궤도로 운행하는 천체.

(1)

새로 알게 된 사실	태양에서 가장 가까운 행성인 '수성'은 태양계 행성 가운데 크기가 가장 작다. 수성은 하루가 약 176일이나 된다. 1년은 약 88일이니 하루가 1년보다 더 길다. 자전은 매우 느리지만, 공전은 상당히 빠르기 때문이다.
느낌이나 생각	하루가 176일이라는 말은 수성의 1년 동안은 낮이고 그다음 1년은 밤이라는 뜻이다. 88일 동안 해가 비치면 너무 밝아서 잘 수 없을 것 같다. 반대로 88일 동안은 밤이라서 너무 춥고 무서울 것 같다. 내가 지구에서 산다는 것이 무척 다행이라고 생각한다.

(2)

새로 알게 된 사실	금성은 천왕성과 더불어 다른 행성들과 반대 방향으로 자전한다. 그래서 금성에서 보면 해가 서쪽에서 떠서 동쪽으로 지는 것처럼 보인다. 또 자전 속도가 매우 느려 약 117일이나 된다. 금성의 대기는 대부분이 이산화탄소여서 온실 효과가 강하게 나타난다.
느낌이나 생각	어떤 사람이 예상 밖의 일을 하려고 할 때, "해가 서쪽에서 뜨겠다."라고 한다. 서쪽에서 해가 뜨면 어떨까 궁금하다. 금성에서는 온실 효과가 강하게 나타나 온도가 매우 높다고 한다. 우리가 살고 있는 지구도 온실 효과 때문에 계속 더워진다면 금성처럼 되는 것이 아닌지 두려워졌다.

(3)

새로 알게 된 사실	태양에서 세 번째로 가까운 거리에 있는 행성은 지구다. 지구는 태양에서 빛의 속도로 약 8분 20초 떨어진 거리에서 공전하고 있다. 지금 보이는 태양은 실제로는 약 8분 20초 전의 모습이다. 지구의 강력한 자기장은 태양풍으로부터 생명체를 지킨다.
느낌이나 생각	

(4)

새로 알게 된 사실	
느낌이나 생각	

(5)

새로 알게 된 사실	
느낌이나 생각	

(6)

새로 알게 된 사실	
느낌이나 생각	

(7)

새로 알게 된 사실	
느낌이나 생각	

(8)

새로 알게 된 사실	
느낌이나 생각	

3 과학 독후감 쓰기

'태양계 이야기'를 읽고

강원 솔향기 초등학교

6학년 4반 강아름

제목

학교

학년, 반, 이름

　태양계에는 지구 말고도 많은 행성이 있다. 지구와 비슷한 행성이 있는가 하면, 지구와는 너무 달라 생명체가 살 수 없는 곳들도 있다. 행성들은 저마다의 특징을 지니고 서로 영향을 주고받으며 존재한다.

처음

(책 소개)

　태양에서 가장 가까운 행성인 '수성'은 태양계 행성 가운데 크기가 가장 작다. 수성은 하루가 약 176일이나 된다. 1년은 약 88일이니 하루가 1년보다 더 길다. 자전은 매우 느리지만, 공전은 상당히 빠르기 때문이다. 하루가 176일이라는 말은 수성의 1년 동안은 낮이고 그다음 1년은 밤이라는 뜻이다. 88일 동안 해가 비치면 너무 밝아서 잘 수 없을 것 같다. 반대로 88일 동안은 밤이라서 너무 춥고 무서울 것 같다. 내가 지구에서 산다는 것이 무척 다행이라고 생각한다.

가운데 ①

(새로 알게 된 사실 ①
+ 느낌이나 생각)

　금성은 천왕성과 더불어 다른 행성들과 반대 방향으로 자전한다. 그래서 금성에서 보면 해가 서쪽에서 떠서 동쪽으로 지는 것처럼 보인다. 또 자전 속도가 매우 느려 약 117일이나 된다. 금성의 대기는 대부분이 이산화탄소여서 온실 효과가 강하게 나타난다. 어떤 사람이 예상 밖의 일을 하려고 할

가운데 ②

(새로 알게 된 사실 ②
+ 느낌이나 생각)

때, "해가 서쪽에서 뜨겠다."라고 한다. 서쪽에서 해가 뜨면 어떨까 궁금하다. 금성에서는 온실 효과가 강하게 나타나 온도가 매우 높다고 한다. 우리가 살고 있는 지구도 온실 효과 때문에 계속 더워진다면 금성처럼 되는 것이 아닌지 두려워졌다.

가운데 ②

태양에서 세 번째로 가까운 거리에 있는 행성은 지구다. 지구는 태양에서 빛의 속도로 약 8분 20초 떨어진 거리에서 공전하고 있다. 지금 보이는 태양은, 실제로는 약 8분 20초 전의 모습이다. 지구의 강력한 자기장은 태양풍으로부터 생명체를 지킨다. 내가 지금 보고 있는 태양이 현재 태양의 모습이 아니라는 것이 무척 놀라웠다. 지금 내 눈에 보이는 태양이 8분 20초 전의 태양이라니, 태양과 지구 사이에 타임머신이 있는 것 같다.

가운데 ③

(새로 알게 된 사실 ③
+ 느낌이나 생각)

전에는 태양계 행성이나 우주에 별로 관심이 없었다. 그런데 태양계에 내가 모르던 천체가 이렇게 많다는 걸 알게 되니 신기했다. 그리고 태양계의 행성들이 지구와 이렇게 다른 점이 있다는 사실을 알게 되니 우주의 다른 천체들도 더 알고 싶어졌다.

끝

(전체 감상)

(1) 144~146쪽의 (4)~(8) 가운데 3개를 골라 태양계 독후감을 쓰세요.

11과 여러 가지 글

1 나의 초등학생 시절

앞에서는 글의 종류에 따라 글을 써 보았습니다. 여기에서는 주제나 글의 내용을 보고 글 쓰는 방법을 알아보겠습니다.

'나의 초등학생 시절'이라는 주제의 글도 세 부분으로 나누어 쓸 수 있습니다. 초등학생 시절에 어떤 일이 있었는지 떠올리며 글을 시작합니다. 가운데 부분에는, 초등학교에 입학했던 순간부터 지금까지를 떠올린 뒤 그 가운데 기억에 남은 일 몇 가지를 골라 시간 순서대로 씁니다. 마지막으로 초등학생 시절 전체의 느낌을 정리하고 앞으로의 다짐을 쓰며 글을 마무리합니다.

처음	초등학생 시절 전체를 되돌아보며.	
가운데	1학년 때	좋은 선생님을 만나 학교생활에 잘 적응했다.
	4학년 때	처음 회장을 맡아 책임감을 배웠다.
	6학년 때	공부에 흥미가 생기기 시작했다.
끝	앞으로의 다짐.	

 위의 표를 바탕으로 은성이가 쓴 글입니다.

나의 초등학생 시절

초등학교에 입학한 게 엊그제 같은데, 벌써 6학년이 되어 졸업을 앞두고 있다. 지난날을 돌아보면 즐거웠던 일도, 슬펐던 일도 있었지만 모두 아름다운 추억으로 남았다.

초등학교에 입학하던 날은 지금도 기억이 생생하다. 어머니 손을 잡고 학교 운동장에 들어설 때, 두려움과 설렘으로 가슴이 뛰었다. 새 선생님과 낯선 환경에서 적응해야 한다는 사실이 조금 두렵기도 했지만, 초등학생이 되어 새 친구들을 만난다는 점에 설레기도 했다. 다행히 담임 선생님은 푸근하고 마음씨 좋은 분이셨다. 정해진 시간에 화장실 가는 게 익숙지 않아 수업 시간에 화장실에 가는 아이들이 있었는데, 그럴 때에도 선생님은 화내시지 않고 엄마처럼 상냥하게 대해 주셨다. 친절한 선생님 덕분에 학교생활에 잘 적응할 수 있었다.

4학년 때는 처음 회장이 되었다. 나는 3학년 때까지 장난치기 좋아하는 개구쟁이였다. 하지만 회장이 되고서는 그럴 수 없었다. 말과 행동을 조심해야 친구들이 나를 믿고 따를 수 있기 때문이었다. 한 학기 동안 회장을 하면서 힘든 점도 있었지만 얻은 것이 더 많았다. 책임감과 배려를 배울 수 있었고, 매사에 적극적인 태도를 지니게 되었다.

6학년이 되어서는 공부에 재미를 붙였다. 5학년 겨울 방학 때 참가한 학습 캠프 덕분이었다. 그곳에서 또래 친구들을 비롯하여 형, 누나들과 함께 일주일 동안 생활하면서 스스로 공부하는 습관을 배웠다. 그리고 작가가 되겠다는 꿈을 품었다. 꿈이 생기니 공부를 해야겠다는 의지가 강해졌다. 그렇게 스스로 공부하는 습관을 기르면서 배움의 기쁨과 성취감을 맛보았다.

돌아보니 초등학생 시절은 소중한 순간이었다. 이제 졸업까지 4개월 정도 남았는데 남은 시간을 성실히 활용하여 초등학생 시절을 잘 마무리해야겠다. 그리고 중학생 시절을 알차게 보낼 수 있도록 중학교 진학을 위한 준비도 착실히 하겠다.

(1) 여러분도 자신의 '초등학생 시절'을 떠올려 아래 표를 채우세요.

처음		
가운데	( )학년 때	
	( )학년 때	
	( )학년 때	
끝		

(2) 위 표의 내용으로 '나의 초등학생 시절' 글을 쓰세요.

<table>
<tr><td colspan="2" style="text-align:center">나의 초등학생 시절</td></tr>
<tr><td></td><td></td></tr>
<tr><td></td><td></td></tr>
<tr><td></td><td></td></tr>
<tr><td></td><td></td></tr>
<tr><td></td><td></td></tr>
</table>

(1) 다음 일기를 보고, 여러분이 강아지 '뭉뭉이'가 되어 일기를 쓰세요.

9월 5일 토요일 바람이 살랑살랑

뭉뭉이

뭉뭉이가 우리집에 왔다. 뭉뭉이는 이모께서 키우시는 강아지다. 이모께서 가족 여행을 가시면서 뭉뭉이를 3일 동안 우리 집에 맡기셨다.

뭉뭉이가 우리 집에 온 첫날, 낯설어서 그런지 뭉뭉이는 거실 한쪽 구석에서 웅 크리고 앉아만 있었다. 나는 뭉뭉이에게 다가가 털도 빗겨 주고, 머리에 리본도 묶 어 주었다. 옷까지 입히고 나니 뭉뭉이는 인형 같았다.

뭉뭉이를 데리고 공원으로 나가 보았다. 공원 의자에 앉아 있으니 우리 주변으로 아이들이 몰려들었다. 아이들은 뭉뭉이를 쓰다듬기도 하고, 안으려고도 했다. 그럴 때마다 뭉뭉이는 몸을 웅크리고 바들바들 떨기까지 했다.

집에 돌아오자마자 욕실로 향했다. 뭉뭉이에게 물을 뿌리자 몸부림치며 달아나 려고 했다. 하지만 나는 뭉뭉이를 꼭 잡고 비누 거품을 잔뜩 묻혀 몸을 구석구석 깨 끗이 씻겨 주었다. 따뜻한 물로 깨끗이 헹구고, 밖으로 데리고 나와 젖은 털을 드라 이기로 말려 주었다.

그 사이에 어머니께서 뭉뭉이의 밥을 챙겨 주셨다. 배가 고팠는지 뭉뭉이는 허겁 지겁 밥을 먹었다. 그 모습이 안쓰러워 살살 등을 쓰다듬었다. 그런데 뭉뭉이가 으 르렁거리며 나를 노려보았다. 그 모습을 보니 밥 먹을 때는 건드리지 말아야겠다고 생각이 들었다.

뭉뭉이와 함께 지내니 무척 좋았다. 겨우 3일이지만 우리 집에 있는 동안 뭉뭉이 곁에 꼭 붙어 있을 거다. 그래야 뭉뭉이도 외롭지 않을 테니까.

월   일   요일 날씨:

제목:

3 상상하여 글 쓰기

 다음은 〈목걸이〉를 요약한 내용입니다. 잘 읽고 물음에 답하세요.

목걸이

-기 드 모파상

마틸드는 가난한 하급 공무원과 결혼했다. 젊고 아름다운 자신의 외모만으로 세상의 온갖 사치와 부를 누릴 자격이 있다고 생각했지만 누추한 집, 낡은 가구 등을 볼 때마다 괴로웠다. 화려한 옷을 입고 멋진 보석으로 장식하는 일은 상상에서나 가능했다. 현실에서는 보석은커녕 옷 한 벌조차 살 수 없었다.

어느 날, 남편이 무도회 초대장을 가지고 왔다. 그러나 마틸드는 무도회에 입고 갈 화려한 옷이 없다며 시큰둥했다. 남편은 모아 둔 돈으로 마틸드에게 옷을 사 주었다. 그러자 이번에는 몸을 치장할 만한 보석이 없다며 불평했다. 남편은 마틸드의 친구 잔느에게 보석을 빌려 보라고 제안했다.

"맞아. 내가 왜 그 생각을 못 했지? 그 애는 두말하지 않고 빌려줄 거예요."

다음 날, 마틸드는 잔느를 찾아갔다.

잔느는 마틸드에게 보석 상자를 내밀었다. 마틸드는 그중에서 다이아몬드 목걸이를 골랐다. 목걸이를 걸고 거울을 보니 자신의 모습이 무척 아름다웠다.

"이거 빌려줄 수 있니? 다른 건 필요 없고 이것만 있으면 충분해."

"좋아, 그렇게 해. 마틸드."

무도회 날, 마틸드는 누구보다 우아하고 아름다워 보였다. 마틸드는 자신의 미모에 만족하며 무도회를 즐겼다. 그런데 집에 도착해 거울을 보니 목걸이가 보이지 않았다. 아무리 찾아봐도 없었다.

* 누추한: 지저분하고 더러운.

부부는 어쩔 수 없이 큰 빚을 져 빌린 것과 똑같은 목걸이를 샀다. 마틸드는 새로 산 목걸이를 가지고 잔느에게 갔다. 혹시 새 목걸이를 알아볼까 싶어 조마조마했다. 하지만 잔느는 목걸이 상자를 열어 보지도 않았다.

그날 이후, 마틸드 부부는 빚을 갚기 위해 노력했다. 마틸드는 온갖 허드렛일을 했고, 시장에서 물건값을 조금이라도 더 깎으려다 욕을 먹기도 했다. 남편은 퇴근 후에 부업을 했다. 그렇게 10년이 지나 겨우 빚을 모두 갚았다. 이제 마틸드는 늙고 가난한 시골 아낙네처럼 보였다. 헝클어진 머리에, 구겨진 치마를 입고 있었고, 손도 거칠어졌다.

어느 일요일이었다. 마틸드는 거리를 산책하다 잔느를 보고는 다가가 인사를 했다. 하지만 잔느는 마틸드를 알아보지 못했다.

"잔느, 나야, 마틸드."

"어머나, 마틸드! 네 모습이 왜 이래? 세상에 그동안 무슨 일이 있었던 거야?"

"그동안 정말 고생을 많이 했단다. 그것도 다 너 때문이지만."

"나 때문이라고? 그게 무슨 말이야?"

잔느가 어리둥절한 표정으로 물었다.

"10년 전에 내가 목걸이를 빌린 적 있었지? 사실 그날 목걸이를 잃어버렸어."

"무슨 얘기니? 그 목걸이는 내게 돌려줬잖아."

"그건 모양은 비슷하지만 다른 목걸이야. 목걸이 값을 치르느라 10년이나 걸렸지 뭐야. 이젠 빚도 다 갚았어. 네게 말하고 나니 이제 후련하구나."

그 순간 잔느의 표정이 굳어졌다.

"그럼 내 것 대신에 다른 다이아몬드 목걸이를 사 왔단 말이니?"

"응, 넌 그 사실을 모르고 있었구나. 하긴, 아주 비슷했으니까."

잔느는 너무나 안타까워 마틸드의 손을 잡고 말했다.

"불쌍한 마틸드! 그 목걸이는 가짜였어. 겨우 5백 프랑짜리였는데……."

* 허드렛일: 중요하지 않고 볼품없는 일.

* 프랑: 프랑스, 스위스, 벨기에의 화폐 단위. 1프랑은 약 1,300원.

(1) 마틸드가 잔느에게 목걸이를 잃어버린 사실을 처음부터 솔직하게 말했다면 어떻게 되었을
   까요? 여러분이 뒷이야기를 상상하여 쓰세요.

목	마틸드는 무도회에서 즐거운 하루를 보냈다. 그런데 집에 도착해 거울을 보니 걸이가 보이지 않았다.

6 단계

2차 개정판

나의 생각 글쓰기

기초 문장력 향상의 길잡이

시서례
도서출판

정답과 해설

- 본 책에는 답이 확실한 문제도 있지만, 그렇지 않은 것도 있습니다. 답을 자유롭게 쓸 수 있는 문제에는 예시 답안을 적어 놓았습니다.
- 본 정답지에 정답이나 예시 답안이 없는 문제는, 그 문제의 앞에 실린 글쓰기 설명을 참고하세요.
- 설명이 필요한 문제에는 답과 함께 도움말을 실었습니다.

1과 문장 쓰기 7쪽

1.

(1) 내가 틀린 까닭은 문제를 얕보았기 때문이다.

(2) 내가 진짜 되고 싶은 것은 가수다.

(3) 초식 동물은 풀을 뜯어 먹지만, 육식 동물에게 잡아먹힌다.

(4) 비록 작은 것일지라도 절약해야 한다.(비록 작을지라도 절약해야 한다.)

(5) 현준이가 오죽 답답했으면 창문을 활짝 열었겠니?

(6) 승연이와는 도무지 말이 안 통한다.

(7) 우리가 처음 만난 건 아마 가을이었을 것이다.

(8) 요즘 지구의 가장 큰 문제는 환경 오염이다.

(9) 이 작은 공간이 나에게는 가장 소중하다.

(10) 아침에는 빵, 점심에는 밥, 저녁에는 냉면을 먹었다.

(11) 인간은 자연을 지배하고, 이용하며, 파괴한다.

(12) 준영이는 나에게 연필 두 자루와 지우개 두 개를 주었다.(준영이는 나에게 연필과 지우개를 두 개씩 주었다.)

(13) 아버지는 할아버지께서 그리신 그림을 창고에서 꺼내셨다.

(3)은 두 문장이 이어진 문장입니다.

① 초식 동물은 풀을 뜯어 먹는다.

② 초식 동물은 육식 동물이 잡아먹는다.

여기서 ①의 '초식 동물은'은 주어(문장의 주체가 되는 말)입니다. 하지만 ②의 '초식 동물은'은 목적어(동작의 대상이 되는 말)입니다. 즉 ①의 '초식 동물은'은 '초식 동물이'로 바꾸어 쓸 수 있지만, ②의 '초식 동물은'은 그럴 수 없습니다. '＊초식 동물이 육식 동물이 잡아먹는다.'는 의미적, 문법적으로 맞지 않습니다. ②의 '초식 동물은'은 '초식 동물을'과 바꾸어 쓸 수 있습니다. 즉 ②는 '초식 동물을 육식 동물이 잡아먹는다.'입니다.

문장과 문장이 이어질 때에는 같은 말만 생략할 수 있습니다. 반대로, '초식 동물이'와 '초식 동물을'처럼 성격이 다른 말은 생략할 수 없습니다. 즉 ①과 ②는 문장을 이어 쓰지 않는 것이 좋습니다. 하지만 문제처럼 꼭 이어 써야 한다면 주어를 똑같이 맞추어야 합니다.

① 초식 동물은(이) 풀을 뜯어 먹는다.

② 초식 동물은(이) 육식 동물에게 잡아먹힌다.

즉 '초식 동물은 풀을 뜯어 먹지만, 육식 동물에게 잡아먹힌다.'처럼 이어 써야 합니다.

(4)~(7) 의 밑줄 친 말들은 뒤에 어떤 말이 꼭 따라와 함께 쓰여야 합니다. 이것을 '호응'이라고 합니다.

(4) '비록'은 뒤에 '-ㄹ지라도', '-지마는'과 같은 말과 어울려 쓰입니다.

(5) '오죽'은 '-겠-'과 의문형 문장에 어울려 쓰입니다.

(6) '도무지'는 부정을 나타내는 말과 함께 쓰입니다.

(7) '아마'는 추측하는 표현과 어울려 쓰입니다.

⑫, ⑬과 같은 문장의 문제점은 '중의성'을 띠고 있다는 것입니다. 즉 그 뜻이 둘 이상으로 해석되는 문장이므로 이렇게 쓰지 않도록 노력해야 합니다.

2.

(1) 아무리 작은 것이라도 모이고 모이면 나중에 큰 것이 될 수 있다.

(2)

나는 대통령, 가수, 선생님, 아나운서가 다 되고 싶다고 아버지께 말씀드렸다. 그 말을 들으신 아버지께서 말씀하셨다. "우물을 파도 한 우물을 파라."

(3)

윤주는 왜 그러는지 모르겠다. 저번에는 그림 대회에서 상을 받았다고 자랑하더니, 오늘은 글쓰기 대회에서 일등을 했다며 우쭐거렸다. "벼는 익을수록 고개를 숙인다"라는 속담이 있는데, 윤주가 그 말을 알면 좋겠다.

(4)

낮말은 새가 듣고 밤말은 쥐가 듣는다더니, 우리 반 친구들이 모두 내 비밀을 알게 되었다. 친한 친구들에게만 말해 주었는데 이렇게 쉽게 퍼질 줄은 몰랐다. 앞으로는 더욱 말조심해야지.

(5)

수업 시간에는 준비물이 없어서 만들기를 못했다. 책상 서랍에 색종이가 무척 많은데 내가 가방에 넣지 않았나 보다. 역시 부뚜막의 소금도 집어넣어야 짜다.

1.

(1) ① '황사'라고 한다. / 황사가 발생하는 것은

② 미국까지도 날아간다. / 황사 현상이 일어나면

③ 방해하기도 한다. / 황사가 발생했을 때

④ 먹어야 한다. / 지구의 사막화와 산업화로

2.

(1) 태풍의 피해를 줄이기 위해서는 철저히 대비해야
한다.

(2) ① 기름지거나 단 음식을 피해야 한다.

② 간식을 먹지 말아야 한다.

③ 운동을 꾸준히 해야 한다.

3.

(1)

> 만화에는 여러 장점이 있다. 우리는 만화를 읽으며 재미를 느끼고 스트레스를 풀 수 있다. 학습 만화는 어려운 지식도 쉽게 풀어 설명하기 때문에 학습에 도움이 된다. 작가의 상상력이 만화에 자유롭게 표현되어 있기 때문에 독자도 상상력을 기를 수 있다.

(2)

> 전기를 아껴 써야 한다. 필요하지 않은 전등은 끄고, 사용하지 않는 전기 제품의 플러그는 뽑는다. 냉장고는 필요할 때가 아니면 열지 않는다. 전기 효율이 좋은 제품을 사용하는 것도 전기를 아끼는 좋은 방법이다.

(3)

> 바른 자세로 앉아야 한다. 얼마 전, 허리가 아파 어머니와 병원에 간 적이 있었다. 의사 선생님은 바르지 않은 자세로 앉아서 허리가 휘었다고 말씀하셨다. 그 뒤로 똑바로 앉았더니 허리 통증이 거의 사라졌다.

(4)

> 질서를 잘 지켜야 한다. 사람들의 생각이나 행동 방식은 각자 다르다. 질서를 지키지 않고 저마다 자기 마음대로 살아간다면 크고 작은 갈등이 벌어지게 된다.

1.

(1) ① 제목을 한 줄 아래로 내려 적습니다.

　② 학년, 반, 이름을 오른쪽 두 칸을 비우고 적습니다.

　③ 학년, 반, 이름을 적은 줄의 아래 한 줄을 비우고 본문을 시작합니다.

		'	탄	소		발	자	국	'	을		읽	고	
				제	주		바	다		초	등	학	교	
					6	학	년		3	반		윤	가	람
	지	구	가		점	점		뜨	거	워	지	고		있	다	.		이	산	화
탄	소		같	은		온	실	가	스	가		지	구	를		둘	러	싸	서	,
대	기	의		열	이		지	구		밖	으	로		배	출	되	지		못

2.

(1)

		양	평	으	로		가	족		여	행	을		다	녀	와	서
					서	울		하	늘		초	등	학	교	
					6	학	년		4	반		성	구	름	
	지	난		주	말	에		양	평	으	로		가	족		여	행	을
갔	다	.		숙	소		옆		계	곡	에	서		물	놀	이	를		신	나
게		했	다	.										
	집	으	로		오	는		길	에	는		소	나	기	마	을	도		둘
러	보	았	다	.		소	나	기	마	을	은		소	설		'	소	나	기	'
를		지	으	신		황	순	원		선	생	님	을		기	념	하	기

2.

(1) ③ 강희네 집으로 달려가 강희에게 사진을 건넸다.

④ 강희가 떠나는 모습을 한참 바라보았다.

3.

(1)

크	트럭에 사과를 가득 싣고 온 아저씨께서 마이크에 대고 외치셨다.
	"자, 맛 좋은 사과가 왔어요. 사과."
주	소리가 동네에 쩌렁쩌렁 울려 퍼지자 동네 아주머니들께서 몰려 나오셨다.
	"아저씨, 사과 얼마예요?"
	아주머니들의 질문에 아저씨는,
	"한 봉지에 오천 원이에요."
라	고 신이 나서 알려 주셨다.

(2)

신	집에 와서 국어 숙제를 하려고 공책을 폈다. 자신의 꿈을 이룰 수 있는 방법을 찾아 적어야 했다.
	'난 꿈이 없는데 뭘 써야 하지? 하고 싶은 것도 없는데.'
	누나한테 물어보았다.
	"누나는 꿈이 뭐야?"
	"난 간호사 될 거야."
	"누나는 꿈이 있어서 좋겠다."
	'난 되고 싶은 게 없어. 숙제를 해야 하는데 뭘 써야 할지 아무것도 생각나지 않네.'
	난감했다.

(3)

가도	할머니 생신날이었다. 차를 타고 할머니 댁에 가는데 길이 너무 막혔다. 출발한 지 한 시간 정도 지났을 때 갑자기 오줌이 마려웠다.
	"아버지, 오줌 마려워요."
	"그래? 그런데 어쩌지? 휴게소까지는 아직 한참 더 가야 하는데."
	'도대체 사람들은 왜 이리 많이 차를 타고 나온 거야!'
	"아버지, 최대한 빨리 가 주세요."
게 추 보	하지만 아버지도 뾰족한 수는 없었다. 어렵게 30분을 더 참아 휴게소에 도착했다. 차가 멈추자마자 화장실로 달렸다. 누나는 내 모습을 보고 웃었다.
	"하하하. 오줌 싸겠다. 얼른 달려가."
	'휴, 5분만 늦었어도 큰일 날 뻔했네.'
	화장실에서 나오면서 한숨을 쉬었다.

4.

(1) ③ 생일잔치를 하고 선영이 방에서 만화를 보며 이야기를 나누었다.

④ 선영이가 만화책을 빌려주었다.

(2)

지난달 토요일 오후 1시에 생일잔치를 했다. 떨리는 마음으로 선영이네 집 앞에서 기다리다가 12시 50분에 초인종을 누르고 들어갔다.

(3)

> 거실의 넓은 상 위에는 피자와 떡볶이 같은 맛있는 음식들이 잔뜩 놓여 있었다. 5학년 때 선영이와 같은 반이었던 현정이와 윤아, 선영이의 가장 친한 친구 민주가 못 왔다. 민준이만 참석했다. 늘 밝은 표정만 보이던 선영이였지만 그때만큼은 시무룩했다.

(4)

> 민준이가 고심하여 고른 머리띠와 머리핀을 선영이에게 주었다. 민준이는 자신의 선물을 과연 선영이가 좋아할지 걱정했다. 선영이 방에서 만화책을 읽고 이야기를 나누었다.

(5)

> 이야기를 나누다 다섯 시에 집에 가려고 일어섰다. 선영이는 지난주에 산 만화책 두 권을 민준이에게 빌려주었다. 민준이는 선영이와 친해져서 기분이 좋았다.

(6)

> 선영이 생일
>
> 지난달 어느 토요일 오후 1시에 선영이 생일잔치를 했다. 떨리는 마음으로 선영이네 집 앞에서 기다리다가 12시 50분에 초인종을 누르고 들어갔다.
>
> 거실의 넓은 상 위에 피자와 떡볶이 같은 맛있는 음식들이 잔뜩 놓여 있었다. 그런데 5학년 때 선영이와 같은 반이었던 현정이와 윤아, 선영이의 가장 친한 친구 민주가 못 와서 나만 생일잔치

에 참석했다. 늘 밝은 표정만 보이던 선영이였지만 그때만큼은 시무룩했다.

내가 고심하여 고른 머리띠와 머리핀을 선영이에게 선물로 주었다.

'선영이가 좋아하지 않으면 어쩌지?'

그런데 선영이는

"우와! 진짜 예쁘다. 고마워. 꼭 하고 다닐게."

라며 좋아했다. 얼굴이 빨개지는 게 느껴졌다.

음식을 다 먹고 선영이가 방을 보여 주었다. 우리는 방에 들어가 만화책을 읽고 이야기를 나누었다.

이야기를 나누다 다섯 시가 되어 집에 가려고 일어섰다. 선영이는 지난주에 산 만화책 두 권을 빌려주었다.

"나는 이미 본 거니까 천천히 줘도 돼. 잘 가."

선영이와 친해져서 기분이 좋았다.

5과 기사문 49쪽

1.

(1) ①

> 기사문에는 사실을 주로 담아야 합니다. 미래를 전망하거나 사실을 해설할 수는 있지만 사실이 바탕이 되어야 합니다. 또 사실을 정확하고 자세하게 나타내어야 합니다.
>
> ①은 사실을 구체적으로 알려 주고 있습니다. 하지만 ②는 글쓴이의 생각을 많이 담고 있으며, 내용도 ①보다 자세하게 나타내고 있지 않습니다.

2. (1)

누가	하늘 초등학교 6학년 학생들
언제	4월 7일부터 11일까지
어디에서	교내
무엇을	고운 말 쓰기 운동
어떻게	손 팻말을 들고, 욕설이나 거친 말을 사용하지 말자고 외쳤다.
왜	학생들이 욕이나 비속어를 사용하지 않고 올바른 언어 습관을 들이도록

(2)

> 친구야, 우리 함께 밥 먹자
> 사랑 초등학교 6학년, 함께 비빔밥 먹으며 우정 나눠
>
> 사랑 초등학교에서 '친구야, 우리 함께 밥 먹자'라는 프로그램이 치러졌다.
> 지난 4월 17일, 6학년 3반 학생들이 교실에 둥글게 모여 함께 밥을 먹었다. 학생들은 각자 집에서 밥과 반찬을 싸 와, 큰 그릇에 모두 넣고 비빔밥을 만들어 먹었다.
> 6학년 3반은, 학교 폭력을 예방하고 친구들과의 우정을 쌓을 기회를 만들기 위해 이 프로그램을 진행하였다.

보통 기사문은 '표제-부제-전문-본문-해설'로 이루어집니다. 하지만 본 교재에서는 초등학교 수준에 맞추어 '전문'과 '해설'에 대한 내용을 싣지 않았습니다. 대신 '육하원칙'으로 자세하게 쓰기에 초점을 맞추었습니다.

3.
(1) ① 백운산 '숲 체험 교실' 열려

② 지난 5일, 숲속 초등학교 6학년 학생들 참가

4.
(1)

> 자신의 꿈을 찾아서
> 희망 초등학교 진로 탐색 캠프 개최
>
> 희망 초등학교는 지난 11일, 학교 체육관에서 '진로 탐색 캠프'를 개최했다. 이번 캠프는 6학년 학생들의 소질과 적성을 찾아 주고, 그에 따른 직업을 학생들에게 소개하기 위해 치러졌다.
> 캠프는 총 세 가지 프로그램으로 진행됐다. 첫 번째 프로그램에서는 여러 직업의 학부모가 각 직업에 대한 학생들의 궁금증을 풀어 주었다.
> 이어 진행된 '진로 골든벨'에서는, 학생들이 다양한 직업과 관련한 문제를 풀었다. 그 결과 6학년 4반 신미래 학생이 골든벨을 울렸다.
> 마지막 프로그램은 '내 꿈 그리기'였다. 참가자들은 20년 뒤 자신의 모습을 그리고, 명함을 만들며 진로 캠프 활동을 마쳤다.
> 이번 캠프는, 참가자들이 자신의 꿈과 소질을 알아보는 기회가 되었다.

본문 55쪽의 글은, 글쓴이의 느낌과 생각이 담긴 일기입니다. 이에 반해, 기사문은 사실을 전달하는 글입니다. 따라서 일기에 담긴 느낌이나 생각은 빼고, 사실을 가려내어 객관적으로 적어야 합니다.
글을 쓰기에 앞서, 본문 52쪽에 실린 표와 같이 '누가, 언제, 어디에서, 무엇을, 어떻게, 왜' 했는지 적는 것이 좋습니다. 그러면 중요한 내용을 빠뜨리지 않을 수 있고, 있었던 일을 자세히 적을 수 있습니다.

1.

(1) ① 탁자식

② 북부

③ 바둑판식(남방식)

④ 남부

⑤ 구덩식

⑥ 전역

2.

(1) ① 간식은 끼니와 끼니 사이에 먹는 음식이다.

② 수증기는 기체 상태로 되어 있는 물이다.

③ 지도란 지구 표면의 상태를 일정한 비율로 줄여, 이를 약속된 기호로 평면에 나타낸 그림이다.

(2) 사람이 먹기 위해 밭에서 기르는 농작물을 '채소'라고 한다. 채소는 먹는 부위에 따라 잎채소, 줄기채소, 열매채소, 뿌리채소로 나뉜다.

(3) 채소는 종류가 무척 다양하다. 잎채소에는 배추, 시금치, 상추, 깻잎 등이 있다. 셀러리, 죽순, 아스파라거스 등은 줄기채소에 속한다. 가지, 오이, 토마토는 대표 열매채소다. 무, 우엉, 당근, 연근, 마늘 등은 사람들이 뿌리를 먹는 채소다.

(4)

지구의 기후

기후란 일정한 지역에서 여러 해에 걸쳐 나타나는 평균적인 날씨를 말한다.

지구의 기후는 위도에 따라 열대, 건조, 온대, 냉대, 한대 기후로 나뉜다. 열대 기후는 저위도 지역에서 나타난다. 일 년 내내 기온이 높고, 강수량이 많다. 인도네시아, 브라질 등이 열대 기후 지역이다.

건조 기후는 주로 위도 20도 부근에서 나타난다. 이 지역의 강수량은 매우 적다. 건조 기후가 나타나는 나라에는 이집트, 호주 등이 있다.

온대 기후는 중위도 지역에서 주로 나타난다. 온대 기후 지역은 사계절이 비교적 뚜렷하다. 대한민국과 이탈리아가 대표적인 온대 기후 국가다.

냉대 기후는 주로 위도 50~70도 사이에서 나타난다. 이 기후가 나타나는 지역은 온대 기후 지역보다 겨울이 춥고 길다. 러시아, 캐나다가 여기에 속한다.

한대 기후는 주로 고위도 지역에서 나타난다. 두세 달을 제외하고 일 년 내내 얼어 있다. 한대 기후 지역에는 남극과 북극 등이 있다.

위도에 따라 기후가 나뉘기는 하지만 고도 등의 영향으로 정확하게 분포하지는 않는다. 그리고 요즘은 지구 온난화가 심각해지면서 기후가 많이 변하고 있다.

(3) 이것은 예시 답안입니다. 단순하게 '잎채소에는 ~가 있다. 줄기채소에는 ~가 있다. 열매채소에는 ~가 있다.'와 같이 쓸 수 있습니다. 하지만 비슷한 뜻을 담고 있더라도, 같은 형식으로 문장을 반복하는 것보다 조금씩 다르게 쓰는 것이 더 좋습니다.

3.

(2) ① 개미의 몸은 더듬이, 머리, 가슴, 다리, 배로 이루어져 있다.

② 자전거는 핸들, 몸체, 안장, 페달, 체인, 바퀴 등으로 이루어져 있다.

(3) 호랑이와 사자는 둘 다 포유류다. 그리고 다른 동물을 잡아먹는 육식 동물이다. 또 둘 다 고양잇과 동물로, 강한 발톱과 송곳니를 지니고 있다. 호랑이는 몸에 줄무늬가 있지만, 사자는 없다. 대신 목덜미에 갈기가 나 있다. 또 호랑이는 주로 숲속이나 밀림에서 혼자 살지만, 사자는 주로 넓은 초원에서 가족들과 모여 산다.

(4) ① 발전 → ② 송전 → ③ 변전 → ④ 배전

(5) ㉠ 꽃잎, ㉡ 수술, ㉢ 암술, ㉣ 꽃받침

(6) ① 분석, ② 묘사, ③ 과정, ④ 비교 / 대조

(7)

혈구의 종류와 역할

혈액은 혈장과 혈구로 이루어져 있다. 혈장은 혈액에서 혈구를 제외한 액체 성분으로, 영양소와 노폐물 등을 운반한다. 혈구는 혈액의 고체 성분으로, 혈장 속에 떠다니는 세포다. 혈구에는 적혈구, 백혈구, 혈소판이 있다.

적혈구는 붉은색이며, 납작하고 가운데가 오목한 원반 모양이다. 적혈구 안에 있는 헤모글로빈은 몸의 각 부분으로 산소를 나른다.

백혈구는 적혈구보다 크며, 적혈구와는 다르게 모양이 다양하다. 몸에 침입한 세균이나 이물질을 없앤다.

혈소판은 크기가 작으며, 백혈구처럼 모양이 다양하다. 상처가 났을 때 피를 응고시켜 멎게 한다.

혈액은 심장에서 나와 폐를 거쳐 다시 심장으로 들어간다. 폐에서 산소를 실은 혈액은 온몸을 돌며 산소와 영양소를 공급하고 노폐물을 운반한 뒤 다시 심장으로 돌아온다.

(1) 묘사는 독자가 마치 그림을 보는 것처럼 느낄 수 있게 자세히 나타내는 설명 방법입니다. 또 한 방향으로 나타내어야 대상의 모습을 독자가 쉽게 이해할 수 있습니다. 자신의 얼굴을 위에서 아래 방향으로 자세히 묘사합니다.

(3) 예시 답안에서는 공통점 4개, 차이점 3개를 적었습니다. 학습자는 두 개씩만 적습니다.

4. (1)

우리나라의 저출산 문제

합계 출산율이란 여성 한 명이 낳을 것으로 예상하는 평균 출생아 수를 말한다. 지난해 우리나라 합계 출산율은 0.84명이었다.

통계청은 '20○○년 출산 통계'에서, 지난해 출생아 수가 27만 2,300명이라고 밝혔다. 도시 규모가 작은 곳에서는 출생아 감소 추세가 더욱 커서, 100년 뒤에는 지방의 소도시들이 사라질 수도 있다.

결혼할 예정인 20, 30대 성인 남녀 각 500명을 대상으로 한 조사에서는, 남자의 38%, 여자의 41%가 결혼 후 아이를 낳지 않겠다고 밝혔다. 그 이유로, 남자는 '높은 부양비'와 '자유로운 결혼 생활'을 1, 2위로 꼽았다. 여자는 '직장 유지 불안'과 '높은 부양비' 순으로 나타냈다.

그래서 정부와 지방 자치 단체는 출산율을 높이기 위해 여러 노력을 기울이고 있다. 보육시설을 늘리고, 출산 장려금을 지급하며, 다자녀 가구에 주택 구매 혜택을 주고 있다.

어떤 창작물에 대해 창작자나 그 권리를 받은 사람이 지니는 권리를 '저작권'이라고 합니다. 따라서 원래는 본문에 담긴 자료를 직접 가져다 쓰는 것은 옳지 않습니다. 하지만 자료를 이용하는 방법을 배우는 과정이므로 여기서는 자료를 그대로 옮겨 쓰는 것을 허용합니다.

7과 논설문 77쪽

1.

(1) ① 올바른 식습관을 들이자.

② 음식을 골고루 먹어야 한다.

③ 패스트푸드 섭취를 줄여야 한다.

④ 외식을 줄여야 한다.

2.

(1) 텔레비전에서 바닷가에 쓰레기가 많이 쌓여 있다는 소식을 들었다. 등대 아래에 쓰레기가 잔뜩 버려져 있는 장면도 나왔다. 이렇게 사람들이 함께 이용하는 곳에 쓰레기를 마구 버려서는 안 된다.

(2) 절약이란 무엇을 함부로 쓰지 않고 꼭 필요한 데에만 아껴 쓰는 것을 말한다. 적은 돈도 절약하여 잘 모으면 큰돈이 될 수 있다. 이처럼 무엇이든 평소에 아끼는 습관을 들여야 한다.

3.

(1) 넷째, 문화재를 함부로 만지지 말아야 한다. '나는 괜찮겠지' 하면서 사람들이 한 번씩 만지면 문화재는 그만큼 손상된다. 또 만지다가 문화재가 부러지거나 깨질 수도 있다. 그러므로 문화재를 손으로 만지지 말고 눈으로만 살펴보아야 한다.

4.

(1) ① 길거리에 쓰레기통을 설치하지 말자.

② 길에 쓰레기통을 설치하면 세금이 든다.

③ 길에 쓰레기통을 설치하면 오히려 길이 더욱 지저분해진다.

④ 길에 쓰레기통을 설치하면 분류 배출이 어려워 자원이 낭비되고 환경이 오염된다.

⑤ 길거리에 쓰레기통을 설치하면 안 된다.

⑵ ① 길거리에 쓰레기통을 설치하자.

② 길에 쓰레기통을 설치하면 사람들이 담배꽁초
를 바닥에 버리지 않는다.

③ 길에 쓰레기통을 설치하면 길에서 음식을 자유
롭게 먹고 마실 수 있다.

④ 길에 쓰레기통을 설치하면 환경미화원들에게
도움이 된다.

⑤ 길거리를 깨끗하게 유지하기 위해 쓰레기통을
설치해야 한다.

⑶

길거리에 쓰레기통을 설치하자

언젠가부터 길거리에 쓰레기통이 없어지기 시
작했다. 그러면서 길에 쓰레기를 버리는 사람이
늘었다. 따라서 길에 쓰레기통을 설치해야 한다.

길거리에 담배꽁초가 떨어져 있는 모습을 쉽게
볼 수 있다. 쓰레기통이 옆에 있었다면 사람들이
길에 버리지 않았을 것이다.

길에서 음료수를 마시거나 음식을 먹으면 쓰레
기가 발생한다. 그럴 때 쓰레기통이 없어서 사람
들은 쓰레기를 들고 다니거나 아무 데나 버리게
된다. 길거리에 쓰레기통이 있다면 사람들이 훨
씬 편하게 먹고 마실 수 있을 것이다.

환경미화원들은 우리를 위해 길을 청소한다. 길
에 쓰레기통이 없으면 환경미화원들이 치울 쓰레
기가 많아진다. 환경미화원들의 수고를 덜기 위
해서라도 길거리에 쓰레기통을 설치해야 한다.

길거리를 깨끗하게 유지하고 사람들이 편하게
지내게 하려면 쓰레기통을 많이 설치해야 한다.

5.

⑴ 어린이의 몸무게가 표준 체중보다 20% 이상 더
나가는 상태.

⑵ ① 자신감을 잃거나, 정서 장애를 겪을 수 있다.

② 성인병이 생길 수 있다.

③ 수면 장애가 일어나기도 한다.

⑶ ① 패스트푸드 섭취 / 패스트푸드 섭취를 줄인다.

② 텔레비전 시청과 컴퓨터 사용 / 텔레비전을 보
거나 컴퓨터를 사용하는 시간을 줄인다.

③ 외식을 자주 하고 아침을 거르는 것 / 외식을
줄이고 아침밥을 꼭 챙겨 먹는다.

⑷ ② 어린이 비만을 막기 위한 방법1 - 패스트푸드
섭취를 줄이자.

③ 어린이 비만을 막기 위한 방법2 - 텔레비전을
보거나 컴퓨터를 사용하는 시간을 줄이자.

④ 어린이 비만을 막기 위한 방법3 - 외식을 줄
이고 아침밥을 꼭 챙겨 먹자.

⑸

어린이 비만의 심각성과 비만 극복 방법

어린이 비만은 어린이의 몸무게가 표준 체중보
다 20% 이상 더 나가는 상태를 뜻한다. 어린이 비
만은 어린 시절에 많은 문제를 낳는다. 게다가 성
인 비만으로 이어질 가능성이 크므로 어릴 때부
터 비만하지 않도록 관리해야 한다.

어린이 비만을 일으키는 첫째 원인으로 패스트
푸드의 섭취를 들 수 있다. 햄버거나 피자, 치킨,
아이스크림 같은 패스트푸드를 많이 먹으면 체중
이 늘어날 뿐 아니라, 건강도 나빠진다. 그러므
로 패스트푸드 섭취를 줄이고 신선한 음식을 먹
는 것이 좋다.

텔레비전 시청과 컴퓨터 사용으로 운동이 부족

한 것도 비만의 원인이다. 옛날에는 바깥에서 뛰어노는 아이들이 많았다. 하지만 요즘에는 주로 집에서 텔레비전을 보거나 컴퓨터 게임을 즐긴다. 텔레비전을 보거나 컴퓨터를 사용하는 시간을 줄이고 밖에서 뛰어놀면 비만을 예방할 수 있다.

외식을 자주 하거나 아침을 거르는 것도 비만 위험을 높인다. 밖에서 파는 음식은 양도 많고 열량도 높은 것이 많다. 또 아침을 거르면 배가 고파 그다음 끼니때에 과식하게 될 가능성이 커진다. 부모님께서 정성껏 만드신 음식을 거르지 않고 먹는 것만으로도 어느 정도 비만을 막을 수 있다.

비만한 아이들은 자신감을 잃거나, 심하면 정서 장애를 겪기도 한다. 또 성인병에 걸려 건강을 잃거나, 수면 장애로 정상적인 성장에 방해를 받기도 한다. 그러므로 비만하지 않도록 미리 조심해야 한다.

(3) ③과 (4) ④에는 한 가지만 적어도 좋습니다. 즉 '외식을 줄이는 것'과 '아침밥을 꼭 챙겨 먹는 것' 가운데 하나만 써도 논설문을 완성할 수 있습니다.

6.

(1) ① 용돈을 아껴 쓰자.

② 필요한 곳에만 돈을 쓴다.

③ 은행 통장을 만든다.

④ 용돈 기입장을 작성한다.

⑤ 용돈 관리하는 방법을 익혀 용돈을 아껴 쓰자.

(2)

용돈을 아껴 쓰자

부모님은 회사에서 열심히 일하셔서 월급을 받으신다. 우리가 받는 용돈은 그 돈을 우리가 쓰도록 나누어 주시는 것이다. 그러니 용돈을 잘 아껴 써야 한다.

용돈은 필요한 곳에만 써야 한다. 용돈을 받으면 며칠 만에 다 써 버리는 친구들이 있다. 하지만 이렇게 금방 다 써 버리면 정작 필요한 곳에 쓰지 못할 수 있다.

은행에 가서 통장을 만드는 것도 좋다. 통장을 만들면 그 안에 담긴 돈이 자신 것이라는 느낌이 든다. 언제, 얼마를 넣고 뺐는지 기록되어 관리도 편하다. 그리고 남은 금액을 알 수 있어 지출 계획을 세우는 데에도 도움을 받을 수 있다.

용돈 기입장은 꼭 써야 한다. 용돈을 받은 날짜, 쓴 곳, 쓴 날짜 등을 정확히 알 수 있다. 또 자신의 소비 습관을 알고, 반성할 수 있어 돈을 아껴 쓸 수 있다.

통장과 용돈 기입장을 통해 용돈 관리하는 방법을 익혀 필요한 곳에만 쓰면 용돈을 아낄 수 있을 것이다. 정말 필요한 곳에 쓸 수 있도록 용돈을 아껴 쓰자.

본 교재의 본문에 실린 내용으로 글을 쓰지 않아도 좋습니다. 용돈을 아껴 쓰는 방법을 스스로 생각하여 적는 것이 더욱 좋습니다.

3.

(4)

기억에 남은 부분	서진이는 자신이 보아도 얼굴에 걱정들이 달라붙어 있다고 했다. 비누로 보득보득 소리 나게 씻어도, 손까지 몇 번을 헹궈도 걱정은 좀처럼 사라지지 않았다.
느낌이나 생각	얼굴에 걱정이 달라붙어 있다는 표현이 무척 재미있었다. 마치 만화를 보는 것 같았다. 하지만 한편으로는 안타깝기도 했다. 자신이 많이 걱정하는 것을 아는데도 고치지 못하는 상황이 딱했다.

(5)

기억에 남은 부분	서진이가 어머니와 함께 먹을 저녁까지 챙겨 놓았는데 어머니는 늦는다고 전화를 하셨다. 그러고는 미안하니 아기를 낳아 주겠다고 인심 쓰듯이 말씀하셨다.
느낌이나 생각	우리 부모님도 맞벌이를 하셔서 집에 나 혼자 있는 시간이 많다. 하지만 야근은 거의 하지 않으셔서 얼마나 다행인지 모른다. 우리 부모님께서 야근을 자주 하셨다면 나도 서진이처럼 걱정 많은 어린이가 되었을 것 같다.

(6)

기억에 남은 부분	걱정이 많은 서진이를 유일하게 위로해 준 건 교실 앞 동백나무에서 노래하는 새였다. 그런데 아저씨들께서 교실 앞 동백나무를 옮기려고 하셨다. 그 모습을 본 서진이는 전학 간 친구가 떠나는 듯한 아쉬움을 느꼈다.
느낌이나 생각	내가 서진이 같은 상황을 겪었어도 무척 서운했을 것 같다. 그래도 나무를 아예 없애거나 학교 밖으로 옮기는 것은 아니어서 다행이었다. 언제든 새 노랫소리를 듣고 싶으면 찾아가면 되니까 말이다.

(7)

기억에 남은 부분	서진이는 어머니께 새를 사 달라고 했다. 하지만 어머니는 깜짝 놀라며 거절하셨다. 새장 속에 있는 새는 이미 새가 아니라고 설명했지만 서진이는 쿵쿵 발소리를 내며 방에 들어갔다.
느낌이나 생각	서진이가 불쌍한 건 맞지만 부모님께 새를 사 달라고 하는 건 지나치다고 생각한다. 새를 사 오면 새도 외로울 것이기 때문이다.

(8)

기억에 남은 부분	서진이는 다섯 살 때부터 외로웠다고 어머니께 말씀드렸다. 어머니는 그 말을 들으시고는 털썩 주저앉아 눈물을 보이셨다. 어머니는 서진이를 한참 껴안았고, 서진이는 어머니 등을 가만히 쓸어 드렸다.
느낌이나 생각	어머니께서 너무 바쁘게 지내시다 보니 자식의 외로움을 놓치신 것 같다. 아이가 어른스럽다고 외로움을 느끼지 않는 건 아니다. 세상의 부모님들께서 아이와 같이 있는 시간을 늘리고 더 잘 놀아 주시면 좋겠다.

본 정답지에는 정답 독후감을 싣지 않았습니다. 본문의 '처음 부분과 끝 부분 쓰기', 그리고 '기억에 남은 부분'과 '느낌이나 생각'을 넣어 독후감을 완성할 수 있습니다.

2.

(3)

느낌 이나 생각	죄가 있는지 없는지도 모르는 사람인데, 일본인이라는 이유만으로 사람을 죽인 것은 김구가 잘못한 일이다. 아무리 우리나라를 위해 독립운동을 한 사람이라도 사람을 함부로 죽여서는 안 된다. 게다가 죽은 일본인에게 미안해하지도 않은 모습을 보고 조금 실망했다.

(4)

기억에 남은 부분	일본인을 죽인 이유로 김구가 감옥에 갇혔다. 사형이 내려졌지만 김구는 당당했다. 김구가 사형을 받는 날, 기적처럼 고종이 막아 주었다.
느낌 이나 생각	진짜 영화 같은 일이라고 생각했다. 고종이 하루만 늦게 알았으면 김구는 죽을 수도 있었는데 참 다행이다. 고종이 나라를 구했다는 생각이 들었다.

(5)

기억에 남은 부분	김구는 임시 정부의 힘을 키우기 위해 중국에 나뉘어 있던 독립운동 단체들을 하나로 모으려고 노력했다. 그런데 그것을 반대하는 사람이 회의장에 찾아와 김구에게 총을 쏘았다. 김구는 총을 맞고 죽을 고비를 맞았지만 한 달 만에 자리를 털고 일어났다.
느낌 이나 생각	어려운 상황일수록 힘을 모아야 한다. 그런데 같은 민족끼리 해치는 상황을 이해하지 못하겠다. 사람들이 힘을 모았다면 독립이 더 일찍 되었을 수도 있겠다는 생각이 들어 아쉬웠다. 또 총을 맞고도 한 달 만에 일어난 김구가 놀라웠다.

(6)

기억에 남은 부분	임시 정부가 우리나라에 광복군을 보내려고 할 때, 미국이 일본에 원자 폭탄을 떨어뜨려 일본이 항복했다. 우리나라가 광복을 맞이했지만 김구는 기뻐하지 않았다. 우리 힘으로 이룬 결과가 아니었기 때문이었다.
느낌 이나 생각	임시 정부가 광복군을 보낼 때까지 미국이 조금만 기다려 주었으면 더 좋은 결과가 나왔을 것 같다. 광복군이 일본을 물리치고 우리 힘으로 광복을 맞이했다면 남북이 나뉘지 않아 지금보다 훨씬 발전했을 것 같아 아쉽다.

(7)

기억에 남은 부분	김구는 통일 국가를 세우기 위해 북쪽 지도자를 만나 서로 싸우지 않고 단독 정부를 세우지 않을 것을 합의했다. 하지만 곧 남한만의 총선거가 치러졌다. 또 얼마 뒤 북한도 단독으로 정부를 세웠다.
느낌 이나 생각	정부를 세우기 위해 그렇게 서두를 필요가 있었나 하는 생각이 들었다. 남과 북이 나뉘지 않았다면 한국 전쟁도 일어나지 않았을 것이다. 남한과 북한이 따로 정부를 세운 것은 너무도 슬픈 일이다.

(8)

기억에 남은 부분	안두희라는 군인이 김구를 찾아와 총을 꺼내 들고 총을 네 발이나 쏘았다. 우리나라가 주권을 되찾은 지 4년밖에 되지 않아 김구가 숨을 거두었다.
느낌 이나 생각	김구 같은 독립운동가를 왜 죽였는지 모르겠다. 김구가 그때 죽지 않았다면 우리나라가 언젠가 통일이 되지 않았을까 하는 아쉬움이 남는다. 또 생전에 고생만 하다가 좋은 결과를 얻지 못하고 죽어서 안타깝다.

2.

(3)

느낌이나 생각	내가 지금 보고 있는 태양이 현재 태양의 모습이 아니라는 것이 무척 놀라웠다. 지금 내 눈에 보이는 태양이 8분 20초 전의 태양이라니, 태양과 지구 사이에 타임머신이 있는 것 같다.

(4)

새로 알게 된 사실	화성은 금성 다음으로 지구에서 가까운 행성이다. 그래서 생명체가 살고 있을지, 사람도 가서 살 수 있을지 연구하고 있다. 화성에는 위성이 두 개 있다. 그 둘의 이름은 포보스와 데이모스다.
느낌이나 생각	지구에는 위성이 하나 있다. 화성에 사람이 가서 산다면, 포보스와 데이모스가 어떻게 보일지 궁금하다. 직접 화성에 가서 두 위성이 떠 있는 하늘을 올려다보고 싶다. 또 화성에 물이 있다면 밀물과 썰물이 어떻게 일어나는지도 알고 싶어졌다.

(5)

새로 알게 된 사실	목성 내부는 단단한 금속으로 이루어져 있지만 부피의 대부분을 차지하는 것은 기체다. 목성은 태양계 행성 가운데 가장 빠른 속도로 돈다. 그 속도 때문에 대기가 띠를 이루어 움직인다. 또 대적반이라는 점이 있는데, 이것은 지구보다 훨씬 큰 폭풍이다.
느낌이나 생각	폭풍 하나가 지구보다 크다는 것이 무척 놀라웠다. 작년에 태풍이 왔을 때 집이 무너질 것 같아 엄청 무서웠는데 지구만 한 폭풍이 불면 바람이 얼마나 셀지 궁금하다.

(6)

새로 알게 된 사실	토성에는 위성이 82개나 있다. 가장 큰 위성 타이탄은, 수성보다도 크다. 목성의 위성인 가니메데에 이어 태양계 위성 가운데 두 번째로 크다. 포에베는 다른 위성과는 반대 방향으로 토성 주변을 돈다.
느낌이나 생각	위성이 태양계 행성보다 크다는 사실이 무척 놀라웠다. 또 위성 가운데 하나가 다른 것들과는 반대 방향으로 돌고 있다는 것이 신기했다. 그런데 어떻게 다른 위성과 부딪치지 않는지 궁금하다.

(7)

새로 알게 된 사실	천왕성은 대기가 푸른 빛을 반사하여 청록색으로 보인다. 또 자전축이 심하게 기울어져 있어 행성 자체가 옆으로 누워 있는 것처럼 보인다.
느낌이나 생각	자전축이 천왕성처럼 많이 기울어져서 있는 행성의 하루는 어떨지 무척 궁금했다. 다른 행성들은, 태양이 동쪽이나 서쪽에서 떠서 그 반대편으로 지는데 천왕성에서는 어떻게 보일지 상상이 되지 않았다.

(8)

새로 알게 된 사실	태양계에서 가장 바깥에 있는 행성은 해왕성이다. 천왕성과 비슷한 점이 많다. 그래서 해왕성도 푸른색으로 보인다. 하지만 공전 주기가 무척 길어 164년이나 된다.
느낌이나 생각	지구의 1년은 365일인데, 해왕성은 164년이라니 믿기지 않는다. 해왕성에서 사람이 태어나면 한 살도 못 살고 죽을 것이다. 또 푸른색으로 보이는 행성은 지구밖에 없는 줄 알았는데 천왕성과 해왕성도 있다는 것이 신기했다.

2.

(1)

9월 5일 토요일 바람이 살랑살랑

적응은 힘들어

아주머니께서 아침부터 나를 어디론가 데리고 가셨다. 차에 탈 때까지만 해도 여행을 가는 줄 알았다. 그런데 나를 데리고 처음 보는 집에 들어가셨다.

처음 온 곳, 처음 본 사람들, 처음 맡은 냄새가 무척 낯설었다. 적응도 못 하고 있는데 작은 아이가 와서 털을 빗기고, 리본도 묶고, 옷을 입혔다. 짜증이 났지만 처음 본 사람이니 꾹 참았다.

그런데 갑자기 나를 공원에 데리고 나갔다. 그때까지만 해도 참을 수 있었다. 밖에 나가는 건 언제든 좋으니까. 그런데 아이들이 자꾸 내 몸을 만지려고 했다. 너무 짜증 나고 무서워서 몸을 웅크리고 떨며 얼른 집에 들어가기를 기다렸다.

아이는 나 같은 강아지를 씻긴 적이 없는 것 같았다. 어설픈 손길로 나를 씻기고 털을 말렸다. 엄청 불편했다.

먹는 것으로라도 스트레스를 풀려고 했다. 그런데 누군가 내 등을 쓰다듬었다. 그 순간 하루 동안 쌓였던 스트레스가 한 번에 폭발했다. 먹을 때에는 개도 안 건드린다는 말도 모르나!

아주머니를 빨리 만나고 싶었다. 그리고 집에도 빨리 가고 싶었다. 너무 힘든 하루였다. 내일은 나를 좀 내버려 두면 좋겠다.

3.

(1)

마틸드는 무도회에서 즐거운 하루를 보냈다. 그런데 집에 도착해 거울을 보니 목걸이가 보이지 않았다.

"어쩌죠? 목걸이가 없어졌어요. 혹시 목걸이 보셨어요?"

"아니요. 가방 안도 살펴봤어요?"

남편의 말을 듣고는 가방을 살펴보았지만 헛수고였다.

무도회장부터 집에 오는 길까지 아무리 곱씹어 보아도 어디에 놓았는지, 떨어뜨렸는지 도무지 생각이 나지 않았다. 마틸드는 며칠 동안 아무 일도 못 하고 자리에서 끙끙 앓았다.

'안 되겠어. 차라리 잔느에게 솔직히 말하고 목걸이 값을 천천히 갚는 게 낫겠어.'

똑똑똑.

"마틸드, 연락도 없이 웬일이야? 참, 무도회는 잘 다녀왔어?"

"응. 네 덕분에 재미있었어. 그런데……. 잔느, 미안해. 저번에 네가 빌려주었던 목걸이를 잃어버렸어. 얼마인지는 모르지만 내가 꼭 갚을게."

"그랬구나. 마음고생이 심했겠다. 그런데 그거 신경 쓰지 않아도 돼. 그 목걸이에 있는 보석, 사실 가짜야."

"뭐? 아니야. 너 같은 애가 가짜 보석을 가지고 있었을 리 없어. 솔직히 말해 줘."

"마틸드, 누구에게도 말한 적은 없지만, 내 장신구 가운데 반은 가짜란다."

마틸드는 다리에 힘이 풀렸다.

'며칠 동안 끙끙 앓았던 게 겨우 가짜 보석 때문이었다니!'

그날 이후, 마틸드는 하루하루를 자신의 삶에 만족하고 감사하며 살았다.

나의 생각 글쓰기